叢書・ウニベルシタス　747

天使の伝説

現代の神話

ミッシェル・セール
及川　馥 訳

法政大学出版局

目次

真夜中

ひとしく天使をもつ
ネーラ・ファルーキ、
ローラン・ベカリア、
ピエール・レヴィへ。

薄明

さまざまの天使

——あなた、天使を信じている？　とピアがたずねた。

——ぼくは天使に一度も会ったことがないし、天使を見たというひとも知らないな、と笑いながらパントープがこたえた。小学校のころに、天使が男性なのか女性なのかで笑い話のたねにしたけど……あんな伝説なんかくだらないと思わないかい？


ふたりはパリのシャルル＝ド＝ゴール空港で乗務員と並んでベルトコンベヤーのわきに立ち、大阪便からの荷物を待っている。彼女はいつものように彼を迎えにきて、乗客の流れから現れる彼の姿を見つけた、ちょうどそのとき彼も、待ちくたびれた人込みのなかに彼女を見つけたのだった。

——このひとはあいかわらず夢想家だ、と彼は思った。

——アジアを回っているあいだ、絵葉書や電話や、それにファックスやｅメールまでありがとう……やっと手の届くところで話すことができるわね。

エールフランスの視察役である彼は席の暖まるときがなかった。医者である彼女の方は空港の医務室に腰をすえて、まわりの乗客のながれを見守っている。彼女が彼を知ったのはだいぶ以前のことだが、黄熱病のワクチン注射にきたときのことだ。

パントープがひとりで世界を回るあいだ、世界はピアのまわりを回っている。全世界がふたりの腕のあいだで揺れ動くのである。

——へんな出迎えだなと、彼はちらと思う。

——あなたからもらったのはことばとか信号だったから、あなたをまじかに見て、あなたの手をとって、あなたがほんとに帰ったと実感しているのよ。

——やっとこさね。

——飛行機も電波も運ぶのはメッセージだけ。そのあとでやっとあなたが着いたのよ。文字と本物とでは大ちがいね。

——どうして今ここでそんなことをいうんだい。

——あなたとはちがって、ここでわたしには天使しか見えないからよ。天使というのは昔の使者のことでしょう。つまりスチュワーデスやパイロットや通信士や東京からきてこれからリオデジャネイロに向かう乗務員みたいなものね。翼を連ねて機首をこちらに向けてきちんと並んで離陸にそなえているあの十五台の飛行機もそうよね、手紙や小包や電報を積み下ろしている黄色の郵便車も。マイクの業務放送も。わたしたちの前を通過する鞄もそう。ストックホルムとかヘルシンキとか、乗客が着くたびにたえずくりかえされる場内放送もそうだし、ベルリンだ、ローマだ、やれシドニーだ、やれダーバンだといった搭乗の指示もそうよ。三々五々タクシーや連絡バスに急ぐ乗客、それに勝手にただ階段を動かし上下しているエスカレーターなんかヤコブの夢の梯子みたいだわ。

鋼鉄の天使が生身の天使をはこび、こんどはその天使が電波の天使にのせて信号の天使をおくるというわけね。

——……これはおかしいぞ、このひとは完全にどうかしている。つらいがおれはそのことを思い切っていわなければならない。

彼は声を高め皮肉な調子をこめていう。

——……じゃ、われわれを突き飛ばしていくこの連中、われわれの鞄をとるのを邪魔する連中も使者なのかい。

——ほら、あの人たちは事業、政府、メディア、行政、科学……を代表しているのよ。依然としてメッセージをはこぶ使者ですよ……

——移民の労働者はどうだい？

——あの人たちだって金持ちに対し困窮からのSOSをもってくるのよ。

彼はぶぜんとして黙り込んだ。

——でも天使はメッセージしか運ばないわ……彼女は気が抜けたように続けた。

——それで。

――……ことばの取次ぎなのね、けっきょくのところ生身の血の通った本物の「媒介者」を待っているのよね。

――……

――わたしたちって、ひっきりなしに往来するけど、仲介業者のあいだにはさまれた仲介業者みたい。いったいなぜなの、そしてこれはいつまで続くのかしら。旅行客が通過し、郵便物が流れ、運送業者や使い走りやアナウンサー、仲買人……が走り回るこんなところで生活しているお蔭ね。ここは全世界に接続するさまざまのネットワークの結節だもの……わたしは天使の群れがブンブンうなっているのが聞こえる……

――そんないい方もできるかね。

――……それが最終的に行き着く先は見えないけど。

――ぼくは今着いてまたすぐ出かけるんだよ、と彼は沈んだ声で答えた。

彼女は、最初の問いに対するパントープの反論をとりあげる。

――わたしはあの伝説《レジャンデール》的な存在を信じているのかどうか、自分でもわからないの。でもだれも住んでいなくてただ通り過ぎるだけのこの裏返された街で、この存在をどう理解したらいいのかしら、それからなにを読み取ったらいいのかしら?

――つまりレジャンドとは、地図を理解するために読み取るべきものを、地図の下に示している凡例だといいたいのかい?

――そうなの。

――すると伝説《レジャンド》を実話《コント》の意味に、地球の両半球図の凡例《レジャンド》の意味に近づけたいんだね。

彼女はにっこりしてうなずいた。

そして矢継ぎ早にいった。

――あの天使はどんな知らせをもってくるの？　だれを待っているのかしら……わたしたちはなにを追いかけているのかしら。

――権力か、金か。

――そんなものは勝手に来てそして勝手に過ぎていくわ。

――彼らの運動をさらに勢いづけるためかな。目的はないかもしれない。

――あなたは旅行中だれを探し、なにをもとめていたの？　パントープ。

――きみは治療しているときだれを待ち、なにを期待していたんだい？　ピア。

彼女は夢から覚めたようにたちどまる。

――少なくともだれを待っているか分かっていたわ……あなたが帰ってきてとてもうれしいもの。

――さあ、地に足を下ろして、と、パントープはひどくかたい口調でいった。

――今着陸したばかりで私によくそんなことといえるわね。

ふたりは笑った。彼女は一本とった。彼もそこいらの男なみになんとなく悪い気持ちはしなかった。

電話でまず予告した上、遠くからはるばる帰ってきた彼に、彼女はふだんとはちがってまるでメシアにでもするように、うやうやしくお辞儀をした。

――やぼな役をやってはいかんな、と彼は思った。

そこで大げさに身を乗り出していった。

――すまない。聖書の壮麗な第一幕では女性ではなく大天使がお告げをするんだ。忘れていた。勘弁して下さい。

彼は深々と頭をさげた。

――きみを心から崇めます、ピア、きみの美しさは抜群だよ。主がきみをお守りくださることはずっと前からぼくには分かっていたよ。

彼女もおどろいたように会釈し、それからそっと指をあげて、ちがうという素振りをみせた。

曙光

大天使

ふいに業務連絡の放送がひびいた。救急室で看護婦を呼んでいる、空港の医者はいませんか……

彼女は心配そうに身をひるがえして彼のそばから去っていった。行く手をさえぎる大勢の人ごみを搔き分けるようにして。

医務室につくと、台車には気を失った年齢不詳の男、四十か五十がらみの男が遠くからそれと分かる鼻をつく悪臭の幕に包まれて横たわっていた。汚い黒髯と、もじゃもじゃの髪。紐でくっつけたぼろぼろの包帯を巻いた足が、古びて穴だらけのギャバジンのズボンからぬっとつき出ていた。手はまっかに腫れ上がり、しもやけがところどころ裂けて白っぽい傷になっていた。

——どこで見つかったの、とピアはふたりの看護夫にたずねた。

——ボストン行きの搭乗待合室です。

——飛行機はこんなお客なんか乗せて行ってはくれませんよ、と隣の看護夫が笑いながらいった。

ピアはすばやく診察した。事故ではないし、明らかな病状もないし、ショック状態でもない。鞄をかかえたパントープが通りかかり、開いていたドアから顔をのぞかせた。

——重病かい。いったいだれなんだい？

こういいながら彼が入ってくる。

——病気よりも危険なもの、貧乏よ、一文無しなのよ。

彼女はふりかえっていう。

——ボストン行きの切符を本当にもっていたの？

——そうなんです、先生。担架に乗せたときも手にしっかり握っていました。

そういって切符をさしだした。

——大都市の責任者の中には、ホームレスに他の大都市への鉄道の切符、もちろん片道切符をあたえて厄介払いし、そうしてよその市長に押し付ける人もいるそうですけど、今度は外国へ送り出すのでしょうか。

——……自分の家庭や仕事から締め出されると、住む家もなくなり、食卓からも追い出され、いまや町や国からもはじきだされるのかしら……

パントープはいう。

——こんなケースはたびたびあるのかい？

ピアは答える。

——空港は都市の周辺に建設されるから、都市の郊外《バンリュウ》と隣接するでしょ。だから追放令《バン》の場所《リュウ》、つまり追放刑に処せられたものの場所なのよ。はじき出され、いつも周辺に追いやられる貧困な人々は、どうしようもなくここに吹き寄せられるの。最初のうちは空港に度肝を抜かれるけど、そのうちに普通の旅行客のように待合室のベンチで眠れることに気がつくってわけ……わたしたちと大してちがっているわけではないし。

——警察が追い出すのではないの？

——もちろんそうよ。靴下をはいていないのが目印ね。でも出発と到着の人々と同じで、あの人たちの動きも止まることは絶対ないの。みんなと同じように通過しそして居着くのよ。

——そうすると日勤のあなた方は連中といっしょに暮らしていることになるね。

——名前だって知っていることがあるわ。


——貧乏人がいない人間集団なんて存在しうるでしょうか、と出て行きながらひとりの看護夫がいった。

——もし金持ちが仲間内だけで暮らしていたら、金持ちはどのようにして人間を知るのかしら、とピアがまた疑問をなげかけた。

——金持ちは空港のように豪華な設備の人生を危険なく通っていくだろうさ、おしゃべりしながら。

——そして搭乗を待つわけね。

——行く先はどこかしら。

ちょうどそのとき、まるで出発の命令が聞こえたかのように、病人が目を開け上体をおこした。

——気分はいかが。

返事のかわりにぜいぜいというあえぐ音がした。

——おなかがすいているの？　と彼女がいった。

——……

ものいわぬ目の光の中に彼女はこの世のものとも思えぬ深い諦めを読み取った。ピアはこの男が死にかけていることをさとった。そしてこの男がこの世では知られないこと、すなわち安らぎを知ったことも理解した。

彼女はなにもいわなかったが、すぐ心に浮かんだことはこうである。わたしがいつも身にしみて知らされたのは、愛こそすべての学問を超えた知であることだわ。死んでゆくあなたがわたしに教えることは、絶対的な不幸こそ愛をさらに超えた知を授けるということね。でもその知は表現することばを全然もたなかった、おそらくそのことばはただ啓示されることがあるだけなのね。

——この人死ぬんじゃない、とパントープが鞄をほうりだして叫んだ。

——急いで注射を。

看護夫がかけつけた。少しもあわてず彼女は救急箱からてきぱきと注射器をとりだし、ひざまずいて、オーバーを脱がせ前腕を裸にする。

――名前はなんというの？

右の鼻孔から糸のように血が流れ落ちる。ガブリエルといったように彼女には聞こえた。

――呼吸は止まった、もう心臓も鼓動していない……

彼女は男の上に身を乗り出していう。

――さようなら、ガブリエルさん。


そのとき、今まであふれていたむかつくような悪臭をさっとかき消して、ピアがかつて嗅いだことのないような芳香が部屋をみたした。

――臨終にはこういうケースがときどきあるというわ。と彼女がいった。

遺体をはさんで立っているパントープとピアが向きあった。

――あなたに尋ねましたよね。だれを待っているかって。

――彼なのかな？


彼女はまた夢でもみているようにひざまづく。

――おなかをすかせた貧しい人々が饗宴にあずかったり、のどの渇いた旅人が砂漠で泉を見つけたり……きびしくはねつけられていた恋する人が身を焦がして待ったあげく、受け入れられたりする……こういう人はみんな幸せで気が遠くなったといわれるわよね……楽園がみえるとあんなふうにひとって気を失うものなのかしら。

彼女はしばらく返事を待ったが、気をとりなおして続けた。

――自然な死とは逆に、あのように死ぬことでなければ、突如として死が、至高の直感で、約束されたあの世の不思議な美しい世界をぱっと垣間見せるなんていうことはないわ……

――……あの世なんてここと同じかもしれないね？

息吹

ロワシーにあるド・ゴール空港は嵐に直撃されている。

窓からふたりは赤と白の吹流しがはげしく震えるのをみている。明らかに一定したその軸は着陸の方角を示している。

突風がとどろき、窓ガラスが震える。

ピアは自説をまげない。

——あなたの愛するこの世において、天使たちはかならずしも人間の形をとらず、川や光線とか風のような自然のさまざまな流れに隠れていることをご存知だわね。

パントープは皮肉をこめていう。

——あんな透明なものにどうやって隠れているんだい。

ピアは負けてはいない。

——その流れはわたしに身震いさせるけれど、わたしはそれなしにすますことはできないわ。わたしはじかにそれに飛び込みそれに浸る。しかしときには死ぬほどの恍惚を受ける。心地よさと不安とないまじった気持ちでわたしは風のなかにいるわ。

前触れもなくその流れがやさしいそよ風から冷たい北風に豹変する。愛想よく運んでいき施しをする。母のようにやさしく撫でまわしそして暖める。肉感的に楽しませ、そそり、かきたて、ひらめきをあたえる……邪険なときは、肌から快適さをむしり取り、そして、解き放たれた悪鬼さながら、侵入し、引っ叩き、強奪し、凍らせ、突き出し、むかつかせ、身の毛も逆立つ恐怖に突き落とす。

それは心地よい生命をあたえていながら、唐突にそれを奪う。それはどこでいつ、あたえるものから攻撃するものに替わるのでしょう。天使たちがみな悪魔になってしまうのかしら。

パントープは茶化していう。

——そんなこと風の通り道にいるひとの身体の具合によるさ。

ピアは無邪気で無知なふりをする。

——風はどこから来てどこへ行くのかしら。

彼のほうはまともに薀蓄を示す。

——地球の自転、温度差から……風は赤道に沿って規則的に吹くんだ。貿易風、季節風、シムーン〔砂漠地帯の乾いた熱風〕、シロッコ〔サハラ砂漠から地中海に吹く熱風〕、ミストラル〔南仏ローヌ川の谷間から地中海にむかって吹く北風〕、トラモンターヌ〔地中海沿岸の北風。アルプス、ピレネー山脈をこえて吹く山風〕の道筋を通り、凪《なぎ》のエアポケットとかポトノワール〔赤道無風地帯〕を残すが……帆船を乗り回していた水夫たちは、すれすれまでそれを避けて、追い風を受けようと地球の周りを風と同じ方向に回ったものさ。

——そよ風とか竜巻はなにをもたらすの、なにを奪うの、また与えるの、それとも盗むの、離陸を支援するの、受精素〔フェルテリジーヌ〕、花粉の雲、春のなまめかしい呼び声なの、台風の破壊なの？

——お望みなら、仲介者とか使者といってもいいけど……伝達しないシステムはありえないからね。

——なるほど、風のない世界はないというわけね。

——少なくともすべての流動体が一度になくなるということはないね。

彼女は快楽主義者ふうにいう。

——わたしは好きよ。川で水浴びするの。そよ風に肌をなでられるのも、日に当たっているのも気持がいいわ。それに泥浴、どろどろの土の中では、四大元素が活発になっているわ。

彼のほうは講義調でいう。

——そういうものを一挙にもたらすものはひと口でいえば流量《フリュ》だね、なぜなら風は空気によって作られた空気の流量だし、川は大地を通過する水の流れだし、氷河は固体となった川で、もっとも硬い岩石のくぼみに道筋を掘っていくものだし、雨、雪、あられは空気中の水の流れだし、潮流にしても水の中を流れる水流だし、火山は大地から空中か水中へ垂直に放たれる火の流れだ。溶岩や泥の流出にしても大地の潮であって、土が熱いか冷えたかのちがいだし、大陸移動は火の上を大地の大きな絨毯が動くのだし、大地の深い底にはその火の中で動く火の急流さえ推察できる……空では真空かエーテルによる熱と光の流動があるんだ。

ひとつの要素が別の要素を通過すると、逆にその要素は別の要素によって通過される。それは支持するかあるいは転送する。この流動的相互関係は混合をおこなうが、それもじつに完璧な攪拌であって別の要素の状態を知らない部分がほとんどないほどだ。メッセージによって知識を受けるのさ。あなただって練ることによって均質な練粉をつくるだろう。宇宙が形成されるのは空間をまたいだこの架橋《パッスレル》によるのだし、そこですずめ《パッスロー》が時間を混ぜ合わせる。

彼女は熱心に聞いている生徒を演じる。

——でもその流れはなにをもたらすの。

——メキシコ湾流はブルターニュを暖めるし、エトナ火山はシシリー島を焼き、オワザン〔イゼール県〕の白と黒の氷河はそれらが集まっているカルル夫人の牧場を冷やすし、バイコヌール〔カザフスタン〕では、乾いた雨は地上に達する前に蒸発してしまう。またインド大陸がアジア大陸と衝突したときは、ヒマラヤが世界の屋根にその万年氷を屹立させたんだ。

——夢がないわね。風も氷河も激流も温度差から生じて、いたるところに熱か冷気を運ぶだけなんて。日の下に新しいものなしなの。

——それが地球規模の分布というものなんだ。オーストラリアの中央砂漠で猛暑が変化すると、赤道に沿った風がぐらつき、たちまちエルニーニョが出現し、その流れがペルーの天候を悪くし、カリブ海でサイクロンの発生をたすけ、それによってメキシコ湾流が影響をうけ、そうすると西ヨーロッパのお天気が変わるというわけなのさ。

火や大気や水についてこの流量はサン島〔ブルターニュ、ラズ岬の近く〕とかオーリニ島〔英仏海峡、英領オルダニー島〕の前にアリス・スプリングズ〔オーストラリア〕のさまざまな話を運んでくる。暗号化されたメッセージは簡単には解読されないと思うが、読み取りは始まっているよ。ジョブール岬〔マンシュ県。シェルブールの近く〕で出会った最初のフランス人に、オーストラリアやフロリダでなにが起っているかを知らせるのだよ。

　──だんだん希望が湧いてきたわ。もうわたしは天使が通るのが見える。

　──おやおや。

　──良い使者も悪い使者も、与えるものも盗むものも、ほっぺたをふくらましたキューピッドも悪魔も、あなたがおっしゃったように、さまざまな地域なのね、そのお陰で空間のすべての部分が反響しあっている……風のひと吹きが世界を呼びだし運んでくるのね。

　彼はそれには耳を貸さずに続ける。

　──流量はそれぞれごく小さな破片に分解するが、それでもすべてが世界を構成しているんだ。各自微小なものを運ぶのだがその全体は大きいものとなる。

　彼女はすぐさまいい換える。

　──一日の各瞬間に、いたるところで暗号化されたそよ風はひとの頬に世界の体調を語るというのね。もしそんなふうにそよ風がひとつの世界を構築するとすれば、逆に全世界的なひとつの理由が、空港にいる雑多な人々のように多数の小さな種子や、天使の軍団に息を吹き込んでいるのね。精神(エスプリ)(ファーム)とたましいが風や命の息吹きを繰り返すのは、わたしたちの死んだ言語を記念するためだ、ということを忘れたの〔ラテン語の精神 spiritus とたましい anima は風、呼吸の意味がある〕。

曙光

彼は唖然としていう。

——物体の学問に人間の学問を継ぎ足すのかい。それはぼくには欠落しているんだが。

彼女もそれを認めていう。

——あら、それじゃわたしに不足しているのは世界についての学問ね、パントープ。でもお互い理解し合えるんじゃないかしら。

——いつのことかな。


——このような流れがじっさい全世界を織り成しているんでしょう。

——そう見えるが……

——同じように世界の労働者というかオペレーターの天使たちが総体として神をつくるんじゃないの。あなたのいう流量のように、天使は通過し、走り、羽をいっぱい広げて飛び、音楽や知らせをもたらし、統一的な栄光を告げるのよ。

このようにして膨大な配送業が形成され、そこを使者たちがめぐり、理解すべきメッセージをとどけるわけね。

このように形成された配送網のなかに、わたしたちが住み、またあらゆる次元の循環がおこなわれる。これが物理的な流量の世界であり、あなたが描いた可能な統一なのね。わたしのいう神々の伝説を締めくくるのは、わたしたちが大昔から区別してきたこの三つの次元を、はたしてひとつの言語が統一するだろうか、ということなんだわ。

パントープが考え込んでいると、彼女がまた続けた。

——もし、風や流れや氷河や火山……の運ぶ、手の込んだメッセージがとても難しくて、解読するのにそんなに時間がかかるのなら、分りやすいといえるかしら。精密で、しゃれていて、この上なく複雑に暗号化されたひとつの言語を話したところで、そんなものだれが自慢できるかしら。

わたしは人間だけが知能をもつと主張するような極端なうぬぼれ屋ではありません。ガロンヌ川や南仏の風が、もの以上のこと、そしてもっといいものをもたらして語っているのに、わたしはそれを決して文字によって書きあらわすことができません。それらは他の流体のメッセージをさっと読み取り、フィルターにかけ、選択し、自分のものにし、翻訳し、大地や水の上に書き出すし、長時間保存し、爆発とかうなり、せせらぎやざわめき、ざあざあやぽたぽた……で表現するし、その息吹きが吹き込む人を必要としないのは、それが吸気《インスピレーション》だからね。

そしてもしわたしたち人間がこの世の存在のうちでもっとものろまで、もっとも頭がにぶいとしたらどうでしょう。伝統はわたしたちの頭上に天使を置きました……もしわたしたちがこの伝統と声をそろえていったらどうかしら。川の流れや風はそれでもわたしたちに勝つかしら。

風の息吹きはまた生命に似ているわ。平らで、冷たくて、無表情な死んだ海もひとたび風が吹けば活気づき、字を書き、うねり、立ち上がる。船乗りも船も蠟をひいたような水の上よりも激しい風の中を航海する。ちいさなキューピッドたちが液体のくぼみで、黄色い波のなかで増殖する。風が全世界を、生命を、精神を構成する……

わたしの感じでは、考えることが似ているのは広くて一元的な、しあわせな感情の高まりね。それは爆発してこまごました無関係な嘲笑となるけれども、動いている広大な布の下にすべてが集合されるの。がやがやさわいでいるカオス、つまり頬を膨らまし吹いている無数の天使たちの上に、偉大な大天使が翼に追い風をうけて進み出る。この大天使の意思がわたしの行きたいところへわたしを押しやるんだわ。

わたしがおそれるのは、考えることの終わりが、聖パウロを馬から転落させた破壊的な行動にでることなの。しばしば突風や思いがけない縦揺れや横揺れが踏み板の上に襲いかかるように、タイミングよく力いっぱい正確に下された平手打ちは、身体を動揺させ、均衡を失わせ、死ぬんじゃないかという気にさせるわ。

——そのとき、別のことが始まるんだ。

——なにが起こるの、だれがするの。

——深い海溝の噴火口のあたりで、まだ火が水と混じりあうところで、空気がないので火となった土、光る熱が黒くて冷たいものと混じるところで、巨大な分子を発見したというぜ、原初の生命がそれから生まれるのだ。

——すばらしいわね。こういう攪拌や混合は、コミュニケーションの交差であり、結果として、唯一のシステムを構成するだけではなく、原初的なそのスープのなかで新しいもの……生命を出現させるのね、福音だわ。……まず天使が現れ、それからクリスマスというわけね。

とっぴな話に目がないパントープは内緒話をはじめる。

——われわれ三文文士の一行は、吟遊詩人、科学の発明家、ロマンスの作曲家だが、板切れ一枚以外はなにも持たず裸で出かける。ばらばらに、ときには隊伍を組んで、世界中のあらゆる海へ出かける。とびきり運の良い連中はハワイとかオーストラリアに、目くるめく壁のような大波——沖合いの風に対応するもの——の砕ける前に出ていく。貧乏人はつまらない漣しか相手にできないのだ。雹が降ろうと、霜が降りようと、朝に早く起きて、海辺から離れることなく、まるで幻覚にとらわれたように、われわれは奴隷並の訓練をしているんだ。

というのは、この芸術的な作業は、小さくても大きくても、風の波を巧みに捉えることだからさ。そしてできるだけ長いあいだ磯波のひだを追いかけ追いかけ、フィナーレの不可避な落下にいたるんだ。インスピレーションがとぼしければ、この芸術的作業は直ちに転落するかあるいは最初のアタックに失敗する。それに対し、傑作はさっさと進むが静止しているように素早く、長いあいだ水平に、そして水の壁の上にあるかなしかに描かれる目に見えない力線にのって、わずかの誤差で均衡をとり続けるんだ。

この芸術的作品のほうが力線を独自に作りだすのかもしれない。本物の発明家は液体の上に書かれた小さなひだを見るだけだ。ひだはたちまちぼやけてしまう。しかも彼らは訓練にその生命をすりへらしつつ、目を磨き、彼らのボードのエッジと、身体をとぎすますが、この芸術作品が逃れれば逃れるほどたくみに均衡をとるこの追求は、ただ彼らの断末魔によって終わるにすぎないのだ。

いかなる流量が、あるいは細い糸のような流れが、引っ張るのか、それとも分割を成功させて続けるのか、そしてその連続的な上昇を支持するのか。磯波の上にエッジを軽くそっと合わせることで、均衡をとった芸術家は波に飛び乗り道をきりひらいてゆき、そのあとをこの細い糸の流れが追いかけていく。この芸術作品は液体の巻紙の上を飛行し滑走し、そしてその上に描かれる。その危険な絶叫は音楽に変わり、そして砕け散る波は繰り広げられる巻物となるのだ。

ピアはパントープの流量に風の息吹を対抗させる。

――わたしたちの記憶から消えてしまったけれど、人間の歴史が流れ出てきた時代に、古代の砂漠《ベドウィン》の住民のうちでももっとも頭の良い者たちは、砂漠をこえ牧場をこえて、大勢の神々の重くて硬い彫刻、金の仔牛や石膏のやせた山羊を運ぶ仕事に疲労困憊したあげく、大理石の塊や金属のさまざまな形を地面に下ろすことを思いついたの。定住民族の地域的な風俗には、今でもなお昔の彼らと結びつくもの、重荷を負わないで身軽に生きることにしたためのものが残っているわ。

束縛のない身体、自由な手、荷をのせない肩、ふいに彼らは自分たちが宙を飛んでいるんじゃないかと思ったの。生まれてはじめて彼らは、平原のはるか上空、巨大な空っぽの大空を、昂然と頭を上げて眺めたのね。彼らは詩篇を朗読しました――彼らにはことばと音楽しか残されていなかったから。

砂漠の中でテントの動く仕切りをゆすってそよ風が吹いている。

かるい疾風が沖合いで縦帆を傾かせる。

透き通った大気が山のいただきの上に超絶的な山脈を浮遊させる。

もっとも微細な要素、一片の雪、煙、蒸気、原子、あぶく、わずかな流量、微小な乱流。微細きわまりない傾斜は、目に見えない、感知できない、かすかに耳を打つ、ひどく弱く、もろく、消えかかった、エーテルのような、大気状のもの――激しい息吹き、発生がその不在によって全世界の総体の種をまき、光から光がでてくる、　かけがえのない神、　本当の神。
風が彼らの目から流させた涙で知能がまだきらきら光っている。

朝

使者の仕事

朝のこの時間には、空港で働く男女の群れが、発着の乗客の群れと交錯する。ピアは前者のなかに、パントープは後者のなかにいる。

――いったいぼくは仕事から帰るところなんだろうか、仕事に出かけるところなんだろうか、と苦笑しながらパントープはいう。

――わたしの場合、仕事のほうがわたしのほうにくるわ。あなたのは。

――国から国へと、ぼくは生活水準の情報を集め、世界中に散らばっている従業員の財布の中身にばらつきがないように、地域の物価を加味するんだ。ぼくは調査の結果を集めてそれを配分するのだから、質問し、回答し、集め、分割するために、つぎからつぎへとたえず移動し、そして本社に報告するというわけ。

――あなたは働いているの、パントープ。

——たいへんだよ、ご覧のとおり、ピア。

——その反対よ、わたしには働きがちっとも見えない。わたしの祖父は農民だったから、小麦粉の袋を担いだり、枝を切って薪を運んだりしていたし、かじ屋のおじは鉄床《かなとこ》のうえでまっかに焼けた鉄の棒をハンマーで叩いていたわ。子供のころいつでも見ていたのは、汗びっしょりで水をのむ姿や腰掛けて一息入れていたところね。

それに比べたら、わたしたちは働いているのかしら。部屋の中や木陰に座って、集まって話したり、あるいは風景がつぎつぎに変わるのを眺めたり……

——そのわりにはぼくらだってけっこう疲れるよ。

——わたしたちの家族の歴史は人間の姿の行列みたいなものね。社《やしろ》を支えていた人たちの姿を覚えているでしょう。

——女像柱《カリアティッド》のことかい。

——そう。女子像とか男子像の柱。天空を支えるアトラスとか男像柱《テラモン》とか、わたしは祖父を見ているような気がするの。筋肉隆々で、強靱で、我慢強くて。支えるか耐えていたわね。

——古式の荷運びだね。不動の姿勢で支えるのは。

——それだけではないわ。ヘラクレスは棍棒をかついで地中海諸国を渡り歩き、それを振るって働き、わたしの想像だけど、棍棒を梃子のようにつかってジブラルタル海峡を開くのよね。

話はヘラクレスがヘスペリデス〔古代人がアフリカ西海岸沖に想定した神話上の島〕の園に向かった船の上で彼が櫂をこぐのを助けるために、天を支える方にお願いをしたことにまでおよんだ。ヘラクレスはアトラスとテラモンのあいだで苦労したらしい。

――彼らもわれわれのように旅に出たんだ。

――風景を展開させるのに汗を流すのは別だけど。

――きみのいうのは絵空事だよ、英雄だの神々だの。

――いいえ。わたしがいうのは凡例《レジャンド》で、わたしたちの地図をよりよく理解するためなの。

産業革命においてかじ屋のおじは勝ち抜きました。ものを変換するのが仕事の本質だったからなのね。

鉱石が鋳塊になり、さらにそれが機械となって世界中にひろがるから。

――じゃ、きみのいう本物と偽物の神々に、火をあたえた古代のプロメテウスと現代のデモン、分子の大分析家を加えるといいね。そのデモンは十九世紀に熱いものと冷たいものがそれだけでは分離しないことを説明するために、マクスウェル〔一八三一―七九、イギリスの物理学者〕が考え出したものだから。

――こんなふうに定義すると、あなたもわたしも働いていないことになるわ。

――そうはいうけれど、仕事を理解するために人々は同じことば、歴史上同一の、形式 forme ということばを繰り返しているんだぜ。こういうさまざまの形式を変換 *transformation* したあとで、運び回った時期を過ぎると、情報 *information* がくる。コミュニケーション、干渉、分布、妨害、雑音……伝達と使者がくるのさ。

――だとすると、わたしたちは天使の流儀で働いているのね。この歴史の古くてま新しい姿をとって。

あそこを通過する群衆を御覧なさい。プロメテウスはほんのわずか、ヘラクレスやアトラスはもっと少ないわ。それに比べて天使の多いこと、うようよいるわ。メッセージをたずさえて旅に出る人々よ。

——現代人はもはや同じ材料に働きかけることはしない。初期の労働は硬くて変化しない形体を支えていた。次の労働はものを液状にすることだった。それに対し現代の世界は、液状で流動的、波動的ですらあるから、だんだん揮発状態になっているんだ。

ピアがにっこりする。

——揮発性《ヴォラティル》というのは、ある存在が翼をもち、次にその実体が微細な状態に急激に変化することよね。ついには出現したものがただちに消えてしまう。これこそわたしの知るかぎり天使の三つの属性だわ。情報化や揮発性のお金といっている時代に、大昔のかじ屋とかアトラスのころのマクスウェルのデモンみたいなものしか話題にしないなんて、あなたは天使にこれ以上難癖をつけたいの。

パントープはまじめな顔でいう。

——今日行動し考えるためには、静態的システム、彫像的システム、堅固で基礎のしっかりしたシステム、つまり安定した形態をもったシステム、これはヘラクレスやアトラスなんだが、それを全部一緒に集めなければならないんだ。それから火の力による変換や生成がおこなわれ、そこにプロメテウスが新旧のデモンに囲まれて出現する。そのあとで情報化の全世界がくるんだ。複雑で蒸散的な伝達網が敷かれる。それはかつてヘルメスによって予測されたものだが、今ではきみのすきな天使たちの群れに覆われているのさ。

——骨格、新陳代謝、神経組織、これが生き物なんだわ。そこに自分の考えをみいだして、ピアはうれしそうにいう。

そうすると歴史を書くためには少なくとも三つの時間を結び付けなければならないわね。第一は杭や梃子を使っていたころに生まれた時計や力学の可逆的な時間。第二は火から生まれた熱力学的な非可逆的な時間、三番目に、稀少性の発生するいわゆる非エントロピー的な時間ね。

歴史はもはやそう思われていたようには流れないわ。


——仕事の普遍的な小歴史は三幕、三人の人物というか俳優、物質の三つの状態、結局は一つになる三つのことば、そして三つの時間だ、飛ぶ医者によるとこうなるか。

——揶揄的だが妥当だわね。

——無作法は勘弁してくれたまえ。

——最後の時間は、予告の時間で、世界を変えるのよ。それに対しアトラスもヘラクレスもプロメテウスも新しいものはなにももたらさないんじゃない？

——おそらくね。

——天使はだからよい知らせ（福音）を運んでくる……

天使のひとりがおそらく通過した。

——古代人は根が生えたように場所を動かないでいたわね。

——そのとおり。アトラスやカリアティッドのような担うものは。ところがヘラクレスとかユリシーズはそうでもない。未知の土地へ旅する神々だから。マクスウェルのデモンはまた動かない。地域的な技術の小さな神々が窓口を見張っている。

——そのとき情報はネットワークで全世界を構築するのね。

——現代のメッセージ伝達システムは人工的に地球を網羅する。すると地球は物理的にはメッセージ伝達によって構成されることになる。息吹きや液体の流れが遠くまで情報を伝達するからね。

——……ごらんなさい、いたるところメッセージ伝達のわたしの天使たちが群がっているではありませんか。とピアが粘り強く主張する。

——労働者の三つの階級がわれわれの前をねりあるく。まずアトラスにみちびかれるアトランチック階級、ときどきヘルメスの階級、つぎにプロメテウス階級……

——……とどのつまり、天使の階級があらゆる地域を全地球的に接続してきたのね。

——そういうことになるね。

——そうよ。天使の翼に乗ってね。これこそ新しい世界、その奇妙な時間、その大きな物語なんだわ。

パントープはまだ承服しない。

——きみは天使の名前でごてごてと使者を飾り立てるね。彼らは旅をするし、伝令だし、さまざまの触れ回る役だし、分かるよ。厳密にいえばそれは世界の流量で波動なのだが……しかしそれじゃ飛行機じゃないか。

——人間だけが発信したり転送したりする能力をもつと思っているのね。

――人間以外にその気配はないね。

――思い上がりもはなはだしいわ。イルカやミツバチだってコミュニケーションはするし、アリだって、風や海流だってそうよ。生物と無生物は四六時中いっしょに響きあっている。もろもろの関係を閉じ込めたこの組織、何十億回も編みこまれたこの組織がなければ世界は存在しないわよ。

――だがばかげた話だ。

――自己中心の意地悪ね。賢明な古代人にとって、ある種の天使は使い走りとか韋駄天の飛脚だったから人間にそっくりだったけど、ほかの天使は波紋や、息吹きや、光のきらめきや、星座のまたたきに似ていたのよ。それに人間の作った技術の驚異を加えてもいいわ。

――狂気の沙汰だね。

――まともよ。

――断固としてノーだね。科学は考える能動的な主体と、考えられる側の受動的な対象《オブジェ》を区別する。

――認識の行為について全然無知なのね。ものという対象はわたしたちとはちがう認識をするの。それだけのことよ。

――我慢ならない考えだ。

彼女は窓のほうを指差した。

――ボールを蹴っている男の子たちをごらんなさい。不器用な子の扱うボールはまさに別の対象みたいだわ。それに比べて、手なれた子は、まるでボールが子供たちを遊んでやっているみたいにして、ボールを扱っているでしょう。パスもドリブルもうまいわ。主体があのまんまるのボールを操っていると思うでしょうが、大きな間違いよ。ボールは主体たちの関係を描いているだけなのよ。ボールの後を追って主体たちのチームが形作られ、認識され、現れてくるの。そう。能動的にボールが遊んでいるのね。

——そんなことは認識とは全然関係がないさ。

——とんでもない。日時計の軸は、地面に太陽によって、ただ太陽だけで、昼夜平分時《エキノックス》の時刻とその場所の位置を書くじゃありませんか、記憶は、図書館や博物館の中や、わたしのコンピュータのモニターの下や、書かれたことばや話されたことばの中にも眠っているわ。スイッチがはいれば、その記憶が目覚めて光を放つでしょう。想像はテレビの画面で燃え上がったり、消えたり、燃え尽きたりするわ……牧神パンのけたたましい笛は叫ぶし、クラリネットは歌うし、バイオリンは泣くし、ファゴットはむせび泣く、金管、弦、木管のもつ感受性といったら……いや、人間はそんなに例外的な存在ではないのよ。古い書物が人間の能力だといっていたものは、人間の外側にたくさんあるでしょ。不活性なものと人間の作ったものが世界にばら撒かれているわ。

——絵空事だよ、ことばの彩にすぎないさ。

——それじゃ機械や技術が、たとえ受動的なものに止まるとしても、人間集団を形成し歴史を変えることができると思っているの。

——技術が作ったものじゃないか。それだけのことさ。

——白いブラックバード(ツグミ)といっても同じことよ。矛盾した表現だわ。ボールペン、筆立て、机、本、フロッピーディスク、コンソール、メモリー……は、考えたり、思い出したり、表現したり、ときには発明したりする装置を製造しているわ。たしかにそれらの対象を主体というわけにはいかないから、技術的準主体《カジ》とでもいったらましかしら。

――まるで人間の性質を授けられたみたいだね。

――準《カジ》といったでしょう。ああいうものをただのものとみなせば、またぞろ人間の労働を軽蔑しかねないわ。自分に従わせるために、自分たちだけを別扱いにして、いつも他の人間たちを道具並に見ている人たちの常習的な大間違いよ。

――人工知能はやっと昨日できたばかりだぜ。

――とんでもない。わたしたちは知能の九割を使ってきたからいつでも人工的だったのよ。世界の中で書いて考えるものがなにかあると、わたしたちはわたしたちのために、わたしたちとともに、わたしたちのあいだで考えるように、それを別なものに作り変える。それによってあるいはその中で、わたしたちは考える。だから人工知能の革命は少なくとも新石器時代に始まったのね。

こういう素晴らしいものを単なる事物のレベルに引き戻すことは、奴隷や女性には魂がないといったり、また召使などには生理的欲求などないといったり、子供には自由はいらないなどといって、世界にいかなる権利も認めなかったことと同断の不正だし、愚かな判断だわ。それもこれも数少ない自分たちの傲慢な優位を保つためなんだわ。

――主体はわれわれ人間だけではないのかい。

――法則や権利と同様に、知能もまた世界の中に分散しているし、記憶も意識もそうよ……現代の技術が思考の世界にただ進入したからではなく、いつの時代でも技術は主体に近い世界を構築してきたのよ。石斧、鉄床《かなとこ》、鍬……は手や腕のたんなる延長ではなく、わたしたち人間のために積極的に働きかけてくれたの。バイオリンは音楽家を前へぐっと引き出すし、チョークはわたしの舌の後を走るわたしのために字を書いてくれるわ。

——ここに天使の姿を介入させるのはなぜだい。

——もっとも古い伝統では、天使は必ずしも人間の外観をとらなかったの。でも天使は自然の事物や作り出されたものの世界を占めていたわ。

——だからきみはいたるところに天使を見るんだな。

——主体という堂々たる肩書きを分け合いなさいよ。太陽や星の光はメッセージをもたらすから、それを光学機器とか宇宙物理が解読するのでしょ。アンテナが発信し、転送し、受信するみたいに。そこには人間は介入しない。ここではいわゆる設備が順調であるときには、できるだけ人間は手を出さないのよ。

——もしわれわれが天使になったら、それでもなお働くだろうか、と頑固さではひけをとらないパントープが問う。

——昨日の朝の意味ではもはやほとんどないわね。おとうさんたちが猫の額のような土地を汗水たらして耕したり、じぶんの手で道具や機械を使って鉄の塊に形を与え、形を変え、変容させたようなことはないわね。

——われわれが情報を交換する対象物はむしろ関係のかたちをしている、番号札、コード、ポストみたいに。

――それどころか、とピアは深刻な顔でいう。どんどん成長して密接な関係をもつ新しい世界においては、古い労働がたちまち生産を阻害することになるのよ。汚染と大きな欠乏と失業をうみだすわ。それも古い労働の周りに組織された生活文化を、不当に、無駄に、危険に引き伸ばすことによって発生するのよ。古い労働の中心的活動は、かつての宗教とか最近の戦争のように、社会全体を動員し駆り立てる。惨憺たる失敗はつねにかつて成功をもたらしたものから生じるのね。だから新しい挫折を長いあいだ持ちこたえたあげく、大惨事にいたるとか、死者をだすとか、高いつけを払うことになるのね。

――最良が最悪になるってわけだ。

――あのころを思い出すわ。あの年というべきかしら。神聖な価値の領域にあった労働が悩みの種をかかえた領域に転落したんだから。わたしたちはすでに労働の災いの後始末をするためにしか働いていないのよ。

――おどかすなよ、いじめないでくれよ。みんなを待ち受けているのは失業だというのかい。

――そうよ。だから幸運にもめげずにいなくてはね。

――できっこないよ。

――何世紀も前から科学は労働の苦労を軽減するために努力してきたわよね。

――はたして成功したのかな。

――それが見えない人は目明きじゃないわ。なぜ働くの？　自然の所与を悪くするためかしら。精錬工場を建てると、労働者を酷使し、環境を破壊し、危機を増大させ、収入の不平等を激化し、富を増やすが、その結果貧乏人を飢えさせたけど、ミクロの有機体は人間より早く、より経済的に、より巧みに精錬するのよ。

——自然の所与が製品の代わりをするのか。すごいことになったな。

——時間を計ることが必要なら、時計なんか製造しなくてもいいのよ。自然が分子や原子や水晶をわんさとうみだしているから。その振動はお望みのリズムを正確に刻んでくれるわ。

——文字盤はどこにあるんだい。ピア。

——いたるところよ、大空だって、疲労だって、空腹だってそうでしょう。

現代の先端技術は後戻りのきかないやりかたで、古い仕事の分野に失業を作り出したけど、ミツバチが食料を準備していた牧人アリスタイオス〔アポロンの息子、養蜂を人間に教えた〕の生活改善にも手を貸すべきだわ。新石器時代に始まった一週間がやっと日曜日を迎えたのね。サバト〔ユダヤ教の安息日〕的な歳月といってもいいけど。

人間は世界を十分変貌させ開発したから、今度はそろそろ世界を理解する時期なのね。

——むかしの格言を逆さまにするのかい。

——よく知られれば、よく選ばれる、自然の所与はそれで足りるのよ。

——では日常生活のためになにが残るのだろうか。

——知ること、教養、家事、芸術、おしゃべり……まさに天使的な生活じゃないこと。

——想像もつかないようなユートピアだね。

——わたしたちのコミュニケーション世界はすでに古くなって、いまではそれから教育的社会が生まれるのよ。わたしたちの子供の社会ね、一生のあいだ教育がつづき、だんだん稀少になる労働も教えられるでしょう。

大学はいたるところに距離をおいて設置され、しかも常時開かれている。それは上流の若者の閉鎖的な強制収容所、集中した知識の収容所といった今のキャンパスにとって代わるのね。

農耕社会の後で人間は経済的、工業的になったけど、時代は進んで認識の新しい時代となったのね。土地やものの変換は自動的に継続するし、人間はそれによって生きていたのだけれど、それ以上にまたそれよりもっとよい状態で知識と関係をむさぼることになるのよ。

——だれだってそういう新世界は怖がるよ。ピア、だからそこにいたる前に。

——わたしたちは古いものを保存することは大いにやります、たとえ明らかに有害だとか時代遅れであってもね。新時代になる前には、実際には並行して、災害や悲惨事が発生するでしょう。いま生きているこの現在を理解することが遅れたために。

——またまたお得意のユートピアか。

——たったひとつの変化、歴史の中ではいささか重要な変化を、あるひとたちが奇跡として期待したのに、最初のうち人々の目にはありふれた変化にしか映らなかったということを知っているでしょう。

——さあ、仕事に行こうよ、ぐずぐずしていると木曜日が四度ある週がきてしまうぜ。

群衆が空港の巨大な交差点に流れこみ、交じり合い、分離していく。

——わたしたちは人気のない野原からも多数の人が働く工場からも離れている。現代のメッセージ伝達システムはだから大勢の人口と……ほとんど全人類とかかわるのね。だから現代の悲劇の主人公なんだわ。俳優も、コーラスも、神もいないし階級ももはやない……ただ人類が連帯している。

——それは確かに伝えるだろうが、それはなにをいわんとしているんだい。もう一度いうが、なぜだい。ドラマのヤマ場や結末をきちんといってくれないか。

——でもわたしたちの住むところは劇場でも映画館でもないのよ。

ロス・アンジェルス

——今度はあなたの旅行の話をしてちょうだい。

——どこだって似たようなものさ、と彼はうんざりして答える。

——いいえ、どこもかしこもちがいます。地球はたったひとつの情報伝達都市になってしまうかもしれないけれど、各地域はそれぞれ混合のちがいを擁護するから、と彼女はいう。

——それじゃ新興都市まで出かけてみることにしよう。中心がだれの目にも見えない街だがいたるところに中心があり、したがってどこにも周辺はないんだ。日のあたらない地域の旧市街にも山の手と同じように訪れてみよう。

——離陸しましょう、と彼女はいう。

——ベルトを締めて。上空からは夜でも星はよく見えないんだ。しかし都会は明かりがともって、星座が逆に地面に据え付けられたようだよ。

——無数の天使が着陸しているのね。

――うまい具合にもっていったね。今までの天使の話は、人間の観点からだった。労働や、都市や、言語や、あらゆる次元の伝達とか。

――あとで悪魔や神について話しましょう。約束よ。

――できれば、この世の上に止まることにしようよ。ひざの上に地図を広げながらオランダか日本の本州の上空を飛ぶことにしよう。地図に記された都会、アムステルダムとか大阪を見分けられるだろうか。できないんだ。飛行機の下には住居とかビニールハウスしか見えない。それも隙間なく続いている。地図帳の固有名詞がもはや地上の現実とは対応していないんだ。

――地球全図を作り直しましょう。都市が連接してしまい、もう区別がつかないんだから。

――むしろオランダの名前をあげよう。それはロッテルダム、ハールレム、（北東）ポルダー地区を飲み込んでしまった連結都市だ。また日本。これは一個の都市になってしまい、その支配力が島の北から南まで一本になって走っている。都会が爆発的に連合し、国土全体を侵略してしまったんだ。

――それはもっと高いところから見てみなくちゃ。

――なるほど。六月のある晩、人工衛星がストラスブールの上空でフランスを通過し、ヨーロッパの超巨大なメガロポリスを連ねる光の帯を調査したとしよう。ミラノをかすめ、アルプスをスイスで越え、ライン川にそってドイツを通り、ベネルックスを通過し、北海を越えてから斜めに英国にいたり、ダブリンで終わった。怪物の大群は、セントジョージ海峡を越え、ジュネーブからロンドンまで、そしてそこからさらにイタリアからアイルランドまで、光によって凝集されあるいは拡散されたようにみえるぜ。

パリがそれを遠くから羊飼いよろしく守っているようだ。濃縮した黄色っぽい広大な光のしみが、連接し、ひっきりなしに増大し、北アメリカではバルチモアからカナダのモントリオールまでの間でまた現れるし、さらにまた上空から知覚可能な五匹の竜の東南アジア的な連鎖づたいにも現れる。電気は西洋の外側に暗闇を放逐してしまった。

——昔は星たちが天使の軍勢だとみなされていたけど、いま星たちはこのように地上にいるんだわ。わたしたちは天使のように暮らしているのよ、もう一度いうけど。

——都市は林間の空き地から生まれたといわれている。ところがそれ以後、森の方が都会の光の巨大な転移の隙間にはさまれた暗い地帯 *sombrières* のように見える。モンブランの青白い塊もアルプスも消えて見えなくなってしまう。

地域ごとのひとつの都市あるいは島ごとにひとつだけある都市が大陸連合でひとつとなり、ついには全世界がひとつの都市となる。新興都市は明かりのつながりによって一体化のほうに向かっているんだ。都市の絡み合いは、野原も、山並みも、湖も、森林の黒々とした面も放逐した……都市に住んでいる人々にはそんなものは全然見えないだろう。なぜなら、あらゆる光、照明、上空からの眺めや科学を供給し、発明し、増やしているのが都市の窓だからだよ。

今後われわれは光‐新興都市に住むことになるな。たしかに新しいし、やがてひとつになるだろうし、あらゆる種類の照明をできるかぎり備えるだろう……人間はまるで光り輝く目の巨大な中心に足を踏み入れた気がするだろうな。それゆえわれわれは盲目になる。それを見ることができないのだから。

——聖書がいうこととは反対ね。夜が進んで光を受け入れると、光が闇を追い払ってしまうなんて。

——この光の絡み合いにがんじがらめに捕えられてわれわれは住んでいるんだ。たとえ奥まった谷間で休息をとろうと、高い山で垂直の岩場に取りついてザイルでむすばれて登っていてもだよ。

——預言者たちが破壊された都市の上で嘆いていた昨日とはうって変わって、今日嘆かわしい喪失や破壊は、森林や砂漠、修道院や僧院、思索に適した静寂や孤独に起こっているのね。光‐都市は暗闇のなかに進出し、閑静な場所に喧騒をもちこみ、ものいわぬ自然に文字を貼りつけ、生物のさまざまの種を根絶やしにするから……絶望の絶叫をつつましく伝えていたあの古いものいわぬ空間が奪われてしまったので、新しい嘆きの歌をもはや聞くことはできないのね。世界的な新興都市が、平面的にも垂直にも転移しながらどんどん侵略を展開するけど、それによって扼殺された野原の死を悼むことばなど現代の文化は教えてこなかったわ。

——いまや、垂直もかい。

——一定の瞬間に何百台の飛行機が飛んでいるか今まで勘定したことがなかったかしら。地球の上空一万メートルを常時飛んでいる数といってもいいわ。

——数百万の住人——これがきみのいう天使か、ピア。都市の高層はすごく安定している。音速以下の飛行機で結構うるさいけど。ぼくもその軍団の一員だ。ぼくのアドレスを知っているかい。A340、OSA—CDG、14F。解読してごらん。

——機種、フライト先、座席番号。

——乗客は変わっても、便は変わらない。

——この上空の地帯をなんというのかしら、とピアが問う。アンジュヴィル、アジャン、アンジェ……

――いや、ぼくなら、ロス・アンジェルスというね。

ふたりはにっこりした。

――上空地帯は二重になるね、ずっと上の、人工衛星ときには静止衛星の回る円環面がある、クール〔フランス領ギアナ〕、バイコヌール〔カザフ共和国〕、ケープ・カナベラル、赤道近辺から打ち上げられるものね。それに電磁的メッセージがとぶ多くのネットワークの層があるよ。

――新しい貴族はだんだん低い地区には住まなくなり、だんだん成り上がっていくわけね。飛翔と波動の円環地帯をね。

――あの人たちはあそこで眠り、あそこで食事をするんだ。この立派な名前のロス・アンジェルスで一番大きなレストランをご存知かな。空を飛んでいるのさ。毎日同じ料理を何十万皿もだす。味が薄くてまずいのに、あんな給餌器みたいなものの前に坐って、繋がれて、隣り合った人たちがひじつきあわせ、いっせいにぱくつくんだ。同じ動作で夢中で食べている、前もって整然と食べるように訓練されたみたいだ。時には地上からも空からも透明な距離で引き離されているにもかかわらずだ。いったい近いってどういうことだろうか。ぼくの隣人がカナダのラブラドール上空を飛びながら飲んでいるとき、ぼくの方はスペインとかニュージーランド上空で食事をとって寝るとしたら。遠いのだろうか、近いのだろうか。

――いたるところ最後の晩餐よね、レオナルドはどのように描くでしょうか。天使たちの饗宴なんだから、だれもあんなに下手な想像はしないでしょうね。

——移動する無数の場所で、ひとつの同じ演芸場が単一の出し物を上演する。それは自宅でもよその家でも、上空でも地上でも、われわれが室内にいるという条件でのみ外界を見せるのだ。今に、天使の新興都市はたったひとつの見世物しか作らなくなるだろう。地上のもっともすばらしい風景に窓を閉ざし、下らない映画で中毒させるために。

——都会は水平方向をとって地球を占領しようとしていたのに、今は向きを変えたのね。

——都市は上昇し飛行している。地球の自転が遠心力によって歴史の上昇的昇華を解放しているのかな。水平的に普遍化をめざした新興都市が今度は離陸し、垂直方向をとっているんだ。

——古代都市は競い合って、ピラミッド、ジグラット〔古代バビロニア、アッシリアのピラミッド型寺院〕、摩天楼、寺院の尖塔、塔を垂直な次元に建築し、その支配力、自尊心、羨望、信心を確認したわ。石や鉄やガラスやコンクリートを使って、これから重量のある形をだれが一番高く押し上げることができるのかしら。あらゆる重さから解放された新興都市の住民は、離陸してできるだけ高く上がり、もはや比較を絶するほどね。

わたしたちは天使の梯子の天辺で暮らすのかしら。

——移動する住民のほうに下降しよう。彼のベッドのまわりの通路は階段に通じており、それから廊下は車庫に通じている。そこから車が発進し、大通りを通って接続する高速道路に乗り、空港で降り、そこから飛行機のフライトをつかまえる。機内で、彼の話を聞きたい人に電話し、あるいは携帯パソコンをベッドのそばにあるパソコンと接続してメールを受け取るというわけだ。

だれも室内を出ない。ホテル、バス、駅、飛行機も、メッセージを保護する暗号でも同じ。さきほど見た表象と同じで、新興都市は外側をもたないんだ。

新興都市はただ一本のベルトの周りに組織されており、そこでは内部が外部と交じり合い、細い歩道が広い大通りに通じるし、あるいはお望みなら、クリックするかチャンネルを変えるか——離陸進路をとるか別の選択をするか——チャンネルを変えるかクリックするか——ファックスにつなぐか、ラジオにするかテレビにするか……したがって新興都市はさまざまの手段に接続できる——身体、自動車、翼、波動——さまざまの次元を通過しながら発展し、あらゆる変異点を通る曲線を新興都市が再現しているということができる。

——すごい学問だわね、とピアが皮肉をこめていう。

——どんな選択もできる道があれば、これこそメビウスの道だね。フォン＝コッホ——あらゆる点を通るこの曲線の発見者——遊歩道、そしてマッキントッシュ大通りが集まった。

われわれの無数の選択によって構成されるいくつもの十字路を、まとめてしまうこの一本の道路によって、新興都市は、この世界の、あるいは他の世界の、具体的な場所にも、また抽象的なあらゆる場所にも接続する。諸都市、家々、事務所を相互に関係づけ、男女を相互に連結し、科学と情報を、思想と概念を相互に関係づける……しかしまたとりわけ、都市と男たちを、女性と感情を、事務所と思想とを結び……

——これこそわたしが欲しかった道よ、パントープ。なぜ天使がいたるところを通過するか。なぜならこのただ一本のしかも普遍的な道を自由にしているからよ。あなたもいずれわたしのように話すようになるわ。

――現代のコミュニケーションはあらゆる障害を打破するよ。われわれはひどくちがったものを結びつけることができるんだ。点と単語、空間と演説、ものと記号とをね。

――それこそ、抽象と具象とが骨の髄まで交わった例ね。そうよ、ことばが肉となるのよ。

――古代のメディアの特色は、同じ性質で同じ次元にある宿場を接続する平面の網の目にあるね。たとえばローマ街道の地図だよ、航空会社の連絡する駅だといえるね……これはほとんど自然のままの見取り図だよ、川の流域と比べることができるくらいだ。実際あそこで川舟に乗ったように、ここで人々は二輪馬車に乗っていたんだ、今は飛行機だがね。古い様式の都市は道路を含めて独立した枠組みをなしていたんだ。

新しいメディアはさまざまな性質の空間を横断する。物理的広がりも、知識の百科事典も、石も、民族も言語も横断し、われわれを世界から精神へ、大地からアルファベットへ、あるいはその逆へと、通過させる。

古いメディアはケーキのミルフィーユみたいなものだった。さまざまな地図が次々に重ねられていったが、あくまでも個々別々のもので、一枚一枚がその独立性を保っていた。それに対し、現今の接続はこの重なりを垂直に貫き、あるいは種類の相違をのりこえて通過し、コミュニケーションをおこなうんだ。

――パントープ、ここでパントピア〔あらゆる場所〕がユートピア〔どこにもない場所〕にとって代わるのね。かつて空想の世界の旅行者が描いたユートピアの島は、どこを探してもサイトをもたなかったけれど、今ではまったく反対で、いたるところが天使的な都市だものね。

彼は自分の考えが認められたので顔をほころばす。

——われわれの住んでいた田舎や、村の中心の広場や、働いていた工事現場を離れるとき、かつてはそれらは独自の交通網に結ばれていた。

今ならどこからでもどんなところへでも行くことができる。いたるところに安定したインターチェンジがあり、それが全世界に通じ、またそれすら動かせる。その分岐点は従来なんの関係もなかったものと接続するといえそうだ。目に見えない新興都市は少なくとも二つの現実を隠しているんだ。

——地上の都市なの。大いにありそうね、地上の地域的な部分を越えて、新興都市は、海も、大陸も、山も大気も、地球を残らず侵略してしまう、だから人間 homme という名前を引き出した腐植質 humus よりもむしろ惑星を侵略するのね。

天上の都市〔神の国〕かしら。さらにありそうね。だって成層圏や惑星空間の高さに達し、火星、金星、木星といった遠くのご近所まで進出する、しかも新しい、抽象的な、科学的、情報的な道を進むときはとりわけそうね。

要するにインターチェンジかインターメディア都市ね。浄罪界といってもいいけど、つまりテクノロジーの操作する楽園と昔の労働の灼熱地獄のあいだの通路ね。

二つの現実をもつ新興都市は天使たちの住む家を建てるかしら。

ダンテとか聖アウグスティヌスを書きなおす必要があるわね。

——古典的哲学者のふけった楽しみは事物と記号を区別することだったが、この分離は現代の世界を認識できなくしてしまうな。

新興都市は記号を産業化し、情報で物を製造し、風で世界を構成するし、物質の中に愚かに止まる唯物論者なんかではない。しかしこの冗漫な考えをのりこえ、唯物論をソフトウェアの中に押し込むんだ。

——ここではことばが肉体になるの。ということは、ことばがガラスに、鋼鉄に、コンクリートに、機械に、世界になるのよ。先端技術がことば《ロゴス》に肉体をあたえるため技術にとって代わるの。

——新興都市の住民は人々が想像していたように、もはや労働には行かない、工場にも事務所にも行かない。しかし彼らは朝から学校に行く、しかも教育は昼にも、夜になっても、全然終わらない。時間帯におかまいなく、テレビ、ラジオ、メディア、遠距離通信が休むことなく鳴り響いている……

——教育的な社会ね、新興都市が従うのは、教育者になれるような社長や政治家にだけね。

——産業革命が精神の領域におよび、この唯一の都市を知的な修道院に変貌させるんだ。

——こうして、かつては無垢であった肉体や物質をことばが支配し占有するとき、次にやることといえば楽園の時間を想像してみることね。自由な身体が心ゆくまで走ったり感じたりできたころのことを。ただひとつ反抗するものがあるとすればそれは五感からくるのかしら。

——新興都市はそうすると知覚できない媒介物であり、いたるところに、目に見えない形で存在し、ソフトウェアに組み込まれ、教育的で、急速に移動するから安定しており——自動車、飛行機、人工衛星、放送、メッセージが巡るのと同じ速度を保っている。その運動にはつねにほぼ匹敵する数の媒介物が残っており、それが都市をつくり、また都市はそれによって鳴り響いているのさ——もっとも近い隣人関係をはるかかなたの人と結び——ぼくを待つこの女性をぼくはけっして離れない。彼女の声をどこへ行ってもいつでもぼくは聞き、その顔のイメージを眺める。変化しながらも変わらないわれわれは、身じろぎもせず移動する——新興都市はいたるところにその中心を持ち、どこにも周辺をおかないんだ。

われわれは世界‐都市を建設したのだ。

——周辺もなくなるほどくまなく空間を侵略するために、都市は歴史を失うような危険をおかしているわ。むかし歴史は未知の土地を探検することによって、先頭を切って走っていたのに。広大な広がりの終末はわたしたちの冒険の停止を示すのかしら。だれも時間をもたないことにあなたは気がついたかしら。

——それはそんなに単純じゃないよ。この空間的所有の前提は激烈な運動だよ、つまり巨大な労働力、それを生み出すための権力の保存、それを解放するための知識の保存なのだ。現代人は家に住むよりも現代の科学の中に住んでいる。古典主義の時代以後は力学、十九世紀からは熱力学、そして二十世紀では情報理論のなかにいるのだよ。

——ことばによって生み出された科学と技術の知識が、この新しい都市を建設する。同時にこの都市はその中にあった古いものを破壊するのね。ずっと上空から見たほうがよく分かるわ。じっさい工業化された郊外がだんだん空間を侵略して、人々を窒息させるまで増大し、激烈で、洪水のような、かしましい醜悪な広告や宣伝が地獄のように攻撃してくるわ。

——ピア、大げさだよ。

――むかしも今もわたしたちは神の国に希望を託してきたの。なぜなら人間の作るものがかなりひどいと認めたからよ。それはいつかみずから破壊したり、お互いに壊しあったりするだろうと思われるほどなの。これは人間の歴史ではごく新しいことよ。比類のない新興都市だけが、破壊されなくて、普遍的なので、都市というものにまたその成り行きに、希望をもたせてくれるわ。そこからどこへでも行けることを知らない人は、だれもそこに入らないでほしいわ。ところで、かつて楽園とは、だれにも手の届かない希望のかなたにあるものとしてしか、感じられたり考えられたりされなかったのよ。

もっとも聖なる伝統といえども、ダンテの天才をもってしても、人間が金枝に似た先端技術を駆使して、いつかどこへでも行けるようになるなどとは夢想だにしなかったわ。

英雄的な男、半神、人間の息子たちは、動き回り、放浪し、冒険をしたけど、むかしは危険な土地や川を越えて進み、無数の障碍を力を振るい知恵をしぼって乗り越え、あるいは大地から大空までの距離を一挙に越えねばならなかった。いずれにせよ死と対決し、愛徳《シャリテ》の生き方によって救済を確実にすることが必要だったのね。

今では都市そのものが万人のために働く時代だわ。新興都市は垂直に伸び、この新しい浄罪界は楽園にとどくのよ。しかしそのために地獄を作り出したのだわ。

――ちがうよ。

――いいえ。その科学も技術も、運動も、さまざまの力、動物的力、筋肉の力、石炭石油の力、電力、原子力が、たちまちすべての土地を占領し、空に向かってできるだけ高く急速に昇らせたわ。それも激烈な競争によって。競合、論争、対抗、競り合い、取っ組み合い、攻撃、戦争、たえまない紛争、殺し合い。その巨大な炎が、都市の上へ上への成長を刺激し押し上げているのに、排出口からは下に向かって屑や滓を投げ落とすのね。時代遅れになったもの、敗者、はみだしたもの、敗戦国、誤り、過失、罪を認めたもの、無知、貧困、病気、死に追いやられたもの、こういった人間の残骸で空間がだんだん占められてきたのよ。

彗星のようにできるだけ高いところへ向けて放出された媒介的新興都市は、だんだん稀少になる楽園とだんだん広くなり濃縮される地獄を産出するのね。人間の通ったあとには破壊された人間の都市がある。それは梯子の始まりなのかしら、ドラマの結末なのかしら。

なにかを思いついて彼女は続ける。

わたしたちの文化は現代の嘆きを歌うために文学的な文章も宗教的な文章も含んでいない。わたしが歌ってみようかしら。


人口増大の波に押しつぶされ、死にそうに苦しんでいる、断末魔の都市よ。

飢饉の苦しみと伝染病の恐怖の下にあるアフリカの多くの村と町よ。

広大なスラムの侵略と、指数的成長と、数百万の子供の売春と非行の下にあるアメリカの都市よ。

道路が敷かれていない、ねずみに侵略され、ペストの危険にさらされているアジアの都市よ。

堤防もなく、聖書に書かれたような洪水の下にあるバングラデシュの主要都市よ。

エイズの蔓延の下にある名も知れぬ無数の地区よ……

……新興都市にしても第四世界の形をした第三世界によって貫かれ、穴をあけられ、侵略される。失業、麻薬、貧困、赤貧、窮乏、浮浪、不潔、非行、孤立……

眼下に、広々とした大天使の古い都市が、比類のない都市が見えている。それはまた、破壊されたわたしたちの文化と記憶のさまざまの都市を、今日一挙にまとめ、統合し、概括している。新興都市よりも空間の中ではるかに巨大であり、空の中にそれほど高くそびえているとはいえないにしても、内部的にはそれと緊密に混じり合っており、したがってここに破壊されたトロイが新しいものと古いものとして、ふたたび出現し、取り壊されたイェルサレム、征服され、略奪され、荒廃したローマ、炎上したコンスタンチノープル、爆破された広島……が新興都市の下町や旧市街のように現れてくる。これがとりわけわたしたちのもっとも古い歴史であり、それ以来うごかすことのできない歴史、まるで舞台の総稽古のように空間の中に繰り広げられた歴史、古い必然の帝国に服従していた時代の荒涼たる証人なの。そのころ人間は自分たちの不幸を科学的に生産することはなかったのね。

ダンテの階梯の中にあるように、凍結した歴史の時間はいまや空間にゆるぎないものとして展開されているわ。

この古い都市の中でわたしたちの古い先祖が死の苦しみを味わっている。創始されたわたしたちの文化、宗教的、古代的な文化は、新興都市がもちこみ、上昇によって生み出した現在の根本的なカオスの中で、飢えと不潔と病気と遺棄で死に瀕しているわ。

これが答えだわ。全世界を形成する網状組織にのせてなにを語るというの。悲劇の核心である根源的な死についてかしら。

――もっとも残忍な不正な都市よ、と彼がいう。
――そうよ、退廃の梯子なのよ、と彼女が応じる。

梯子

ピアがいう。

――ジャック兄さんがローマ旅行から帰ってくるから、いっしょに出迎えに来てくれない。姪も連れていったの。学校は休むらしい……わたしたちが学校の代わりをすればいいわ。

――行けないな。できたら時差ぼけをなおすために寝ておきたいんだ。昼食のときに会おう。

彼女はホテルの部屋の鍵を渡す。

群衆の中から現れたジャックが旅のことを話すと、ピアは子供を抱き上げて、天使を見たかどうかたずねる。

――たくさん見た、と彼女はピアの肩のうえでうとうとしながら答える。

ジャックのほうもいう。

――ヴァチカンでラファエロの描いた最後の大広間の天井画「信仰礼賛図」では、ヘルメスの像がひつくり返され、手足がばらばらに散らばっていたよ。

——媒介者（キリスト）が使者（ヘルメス）にとって代わったというわけね。

——天使がたくさんいるのは壊れた偶像の手足の破片から生まれたためかな。

——そう思えばいいわ。保証はしないけど。

——だから天使は花粉みたいに撒き散らされ、不可欠な存在として空間に充満しているんだ。ローマは天使であふれかえっているよ。彫刻され、浮き彫りにされ、描かれ、丸彫りにされ、大小さまざま、男性と女性、あるいは性別のないもの、裸体、身体半分衣装をつけたもの、ひざ小僧や、肩や、お尻をむきだしたもの、ときにはつつましくも猥らなえくぼのあるぽっちゃりしたお尻、頭に翼の生えた赤ん坊のクローンシリーズ、若者、背が高くてきまじめな大人、官僚風といえるような姿まで、雲と群がり、軍勢となり、軍団となり、大きな塊となり、突風のように、かぞえ切れないほど通過する。

唯一神は高位高官に取り巻かれていてほしいし、その社《やしろ》には大勢のひとがつめていてほしいけど、いつだってそれより天使の数が多いから、数え切れないよ。一枚の祭壇画の内と外に九十七の天使がいたことがあるぜ、ぼくが数えたんだが。いったい悪魔がどうかしたのであんな数になるんだろうか。

——いったいその勘定に悪魔がどんな悪さをするというの。

——序列と礼儀作法の維持のために配置されたというのに、天使は無秩序に四散している。天使たちは神の唯一性と聖者の稀少性を大勢でわいわいはやし立てているんだ。

——そんなこと考えられないわ。

——だがそうなんだ。混沌たる天使の群れは絵画や図像の枠からはみ出して突き抜けているんだ。儀式のときに顕示される聖遺物や模範的な彫像や、すべて目に見えるもの、物語られてきたものの周りを取り囲んだり、先導したりする天使は、まるでウンカの群れのようだ。

天使たちはギリシャ・ローマの異教の多神教をふたたびもたらし、しかも拒否し、そして強調し、あふれさせている。

——異端だというのね、お兄さん、と彼女はいった。

——カトリックは一神教だが、競争相手や改革派の一神教ほど厳格でも論理的でもないし、それに比類なく人類学的な豊かさをもつから、そのなかで多神教が保存され、飼いならされたんだね。プラハやローマのバロックは無秩序な天使のカオスに取り囲まれているよ。

——まだあるの。

——まだまだあるんだよ。天使たちがエレヴェーターよろしく昇っていく、あのひだの多い衣服につつまれているまじめくさった体を、いっせいに落下させたら、転倒したり、ひっくり返ったり、一面の急降下はさぞ面白い見ものだろうよ。

翼に隠れて天使たちはもう笑っているんじゃないか、騒ぐのが大好きだからね。

——天使と一緒に、お兄さんは学校をずる休みしたものね。

——そうさ。使者なんて大きな街道を走っていくものなんだ、ごろつき天使は街道をうろちょろし、手すりにまたがったりしていたのさ。その下からいつもひざ小僧がのぞいていた。町のいたずら小僧たちは柱によじ登ったり、バルコンに折り重なったり、警備係の裏をかく。法律をせせら笑って、見世物はすべてただで見てしまう。移り気なグループは命令に服従するのにあきあきしている。空間は彼らのものなのだ。波のように数の増加する集合によって、また隙間をくぐりぬけるこま鼠のような敏捷さによって、洪水のように空間を支配しているのさ。

街道をはずれると、天使は壁を通り抜け、宮殿でも牢獄でもまわりの鉄の柵を乗り越えて、牢番を眠らせ、罪人の縛られた手をほどいて解放する。一刻もじっとしておらず、どんな障害も行く手をさえぎることはできないんだ。

目に見えないかと思えば目に見えるし、声を立てないかといえばけたたましい音をたてる、この人目につかない、光を運ぶもの、天使は普通の敷居を越えるために飛ぶだけではなく、まるで音が窓を通るように、窓を規則に反して通過する。天使の身体はおそらく波動の形をしているのだ。

——お兄さんの話を聞いていると、お兄さんは天使の声を聞いている人みたい……

——そうだな、馬鹿騒ぎ chahut はうなる猫 cha-huant〔猫—やじる〕あるいはカオスの水の落下の轟音 tohu-bohu の叫びを真似ているのだろうか。

——耳ががんがんする話ね。

——馬鹿騒ぎの雑踏は調和をひっくり返して喧嘩騒ぎになってしまうし、秩序をばらばらにしてまた原始の水の上を滑走することになる。

——洪水に移りましょう。

——幸運にも、あるいは奇跡的なのか、神は天使の全体に位階をあたえることをご自分ではなさらない。神の霊《エスプリ》はまだ天使たちの波の上を滑空しており、あたかもビッグバンの開始する瞬間を離れていなかったみたいだ。カテドラルのなかの天使などは、起原のビッグバンなんだ、音と数の巨大な無音の爆発なんだ。

神はいたるところに同時に不在という形で現前する。神のこの遍在の空隙を利用して天使たちがやってくる。神の使う小銭として、この不在の代理人としてね。

全体では数え切れないほどいる天使がざわめいている。天使たちは声をそろえて歌い、踊り、どよめき、歓呼の声を生みだしている。黙っているときは森閑たる聖堂の中で物音を人の目に見えるようにしているんだ。

——ざわめきを目のために翻訳するなんてできはしない、行きすぎよ。

——どういたしまして。この天使たちは物理的世界や、天界や、神学の基調音〔暗騒音〕を見せてくれるんだ。

そのあとでだが、プサルテリウム〔十四、五世紀の撥弦楽器、ギリシャ・ローマの角型ハープ〕やパイプオルガンの音も見えるようになる。

ふたりの耳に聞こえるのは、空港の周辺のインターチェンジで結ばれた高速道路からの騒音、変動の中での定数のようなものと、それから際立って響く、ひっきりなしの離陸の歌うような低音《バスカンタンテ》と、それを断ち切る着陸のバリトンである。

バーのほうからシャンソンが切れ切れに聞こえてきて出発や到着の放送とまじりあう。

――数の上からも位置としてもカオス状のこの天使の群からはっきり区別されて、天使のあるものはラッパを吹き、ハープやリュートを演奏し……コーラスで歌う……その間もっと上では、数少ない大天使アルカンジュたちが、もはや無名ではなく名前を名乗って、メッセージを運ぶ。その中でただひとつ対話体のメッセージが、〔神の〕ことば《ヴェルブ》が肉となるであろうと告げるんだ。

このようにしてひとつの梯子が描きだされる。それは物音から発して、生命と肉体をもち人格的な現実のほうに、音楽や歌やダンスという不可欠な中間媒介を介して上昇するんだ。そのカオスが音楽を準備し、そのあまねくハーモニーが意味に先行するのだ。

だから梯子の一番下には世界の大きなざわめきが群れている。そのカオスが音楽を準備し、そのあま

梯子を逆にたどれば、〔神の〕ことば《ヴェルブ》から発した肉体は言語《ラング》のほうに下降する。そして言語はメロディーのなかに沈む。そしてときにはメロディーはノイズとして拡散される。

カオスのなかに沈むことで天使たちは歌いながらパロールと身体を作り上げる。ゆらぐ多数性は行列をなして統一のほうに上昇する。統一は、肉体が単語の中に分解し、そしてことばがひびきのいい音の繰り返しブラーブラーブラ〔べらべらしゃべる〕の中で分解するとき、多数性のほうに降りていく。

ぼくは旅行のあいだじゅう、ひっきりなしのこの上昇と下降をずっと見ていたことになるね。

――お兄さんのヤコブの梯子はさきほどの喧騒の梯子よりは多少ましだけれど、むしろ三角形をしているようね。だって無限集合から出発して、漸進的に稀少になるものを経由して統一のほうに上昇するから。

――遠近法の効果なのさ、それをここ、下から、地上から見上げるからさ。

――わたしは身体の中に同じ階梯を感じるわ。熱い生命がざわざわたぎって喧騒となり、そのノイズが解決されて精妙な内的な音楽になるの。よく注意していれば連続的で独自の音色も感じられる……わたしの存在、わたしの時間、わたしの自己同一性をなしている肉体の、原初的な母音唱法《ボカリーズ》も聞こえるわ。

わたしはそれを聞く、ゆえにわたしは考える。

この梯子がわたしを作っているの。外からくる寄生的な雑音によってわたしのノイズを壊してはいけない……わたしは音楽を聴きすぎるから……たびたび壊されるこのハーモニーの上に、わたしのことば、わたしの動詞、わたしの最初の文章が構成される、第二、第三……と文章がそれにつながるように願っている……

――ところでお兄さんの梯子はいったいどこにあるの。

――混沌としてかつ秩序ある外界、増殖繁茂しかつ道理にかなった外部世界、均衡調和しかつ代数的に記述可能な外部世界にあるよ。

――暗騒音から統一方程式までつながるようね。

――物理学的にいえばそうなるね。

――それから内部的な意識の中では、細胞の生化学から直感的な創意まで、生きている熱い感じから思考までのあいだにあるのね。

だから梯子はわたしの外と内にあるのよ。

——結局、コンコースのがやがやしたざわめきから、新しいものを作る対話や集団的話し合いにいたるまで、コミュニケーションの技術的なネットワークの中や会話にもその梯子はあるんだ。

——わたしが実際聞いているのは飛行機のたてる音や空港の群集の雑音よ。

——物理学と個人と技術と社会の四つの列にまたがって立てられた唯一のこの梯子の上で、天使たちがひっくり返ったり昇ったりしている。天使はだから世界の空間とわれわれの魂、われわれの生産物とわれわれの集団を満たしている。雑魚のように、泳ぎまわり、浮かび上がったり潜ったりしている。小鳥のように飛ぶ。そうしながら形を作り、織り上げ、構築しまた維持する……

——なにを。

——個別化の普遍的原理といえばいいかな。梯子の下では無数の、体をなさない、個別化されていない天使たちが、浮上し、だんだんと上に行くと、識別しうるようになる。

——いいえ、伝達作用それ自体が創造することはないわよ。

——そんなことはないよ。メッセージは伝達者と受容者をともに変えるから。

——それにもかかわらず、ノーよ。だって伝達はいつだって作り出すことはないんだから。神をほめ歌うために散らばる天使たちは、神という創造主でかつ善なるものを隠すことができるの。

——なんだって。

——「わたしは創造者＝神を信ずる」(*factorem caeli et terrae* 天と地を作りたまうたかた)という表現はなかでも、わたしは創造がただ善であり、まったく善であり、したがって創造が神的であることを信じるという意味であり、わたしは伝達行為を信じることはできない、という意味だわよ。

――きみは *facteur* という職名を *fabricant* 製造者から *transporteur* 配達者にすり替えている。

――伝達者や注釈者の団体は、多数になると諸領域に襲いかかることによって、すべて善でそれだけが善である創造を隠すことがありうるのよ。バッタの大群が太陽を覆い隠し、行く手のあらゆる生き物を食らい尽くすみたいに。

天使の失墜は、創造から複製への移行から生じるのよ。神聖な製造から下劣な注釈へ、さらに寄生的な伝達へと移行するから起こるのよ。福音は運ぶものなしでおこなわれるものだわ。だって身体と血がメッセージそのものの意味をなすから。創造せよということは、肉で意味を作り、あるいはことばで肉を作れということでしょう。死ぬほど身体の努力をせよということなのよ。神は創造し、悪魔は創造しない。これがちがいね。創造だけが善と悪を区別する。創造することが善なることなの。創造した世界がなければ神は悪魔なの。

――梯子を昇れ、落ちないようにしろよ。

――お兄さんが先ほど話したような、ばらばらになったヘルメスに代わり台座に上った生者は、拷問の梁の上で非業の死をとげる。もともと媒介者は時間の終わりがくると死に瀕するものなの。古い神と新しい神とふた柱の神が一緒に息絶えるのよ。もしメッセージと伝達が死ななければ、創造的な成果をもたらせないでしょう。

――みごとだよ、きみの創造の梯子は、神がかかわり、しかも人間的だ。

――わたしたちも天使のことばで話したらどうかしら。唯一、ただ神だけが神です。天使たちは一神論を告知しているのかしら。

そうね。使者である天使は唯一なる神の栄光をあらゆる場所に広める。中心から周辺へと伝播しながらね。

けれども、ちがうわ。一神教徒ではあっても、わたしたちはヘブライの民かガロンヌ川の農民であり、古来の根深い異教徒であることに変わりありません。天使もそうかしら。

そう。大天使たちは、ガブリエル〔イエスの誕生をマリアに告知する〕、ラファエル〔聖書外典トビト書に登場〕、ミカエル〔イスラエルの守護天使軍団の長〕と名ざされて、聖なる軍団の群れから離れ、聖なる歴史において決められた役割に従い、戦ったり一緒にすごしたりするわ。それは古代の多くの神々がそれぞれ場所を分かち合うのと同じね。天使たちはひとつの神の体制から別の神の体制へと移るものでしょうか。ルシフェル〔反逆天使の長〕はこうしてあの多神教の能天使の上に君臨するのかしら。

汎神論にとってはすべてが神なの。この樹木、この星は神ですし、わたしの話を聞いてくれる大好きなお兄さん、あなたも神よ。天使たちもまた汎神論者かしら。きっとそうね。だって天使はあらゆるところを通過し、どの場所にも住み、あらゆる点に神的なものを見せるのだから。あなたの守護天使は、あなたの影のような分身となることによって、あなたが神だとわたしに分からせる。わたしを見放したわたしの守護天使が、そのことを毎日わたしに忘れさせるのと同じことね。たくさんの天使が密集して存在するから、どの場所でも見つけることができるし、神の遍在性の証人となるのね。

——それこそ単純で愚かな算術だ。ひとつか、いくつか、そうでなければすべてとなるんだから。天使たちは神学に適用された数のこの幼稚な論理を野次っているぜ。

　彼らは利口だから集合論の下に滑り込み、牢獄の壁のような厳密さの壁だって乗り越えてしまう。天使の身体は境界を通過するし、その数は勘定など歯牙にもかけないし、彼らの論理は杓子定規の厳格さを硬直過ぎるとみなすだろう。あるいはむしろ、彼らは別々の階に住んでいて、踊り場から踊り場へさわがしく上り下りして、中間の空間を彼らの雲でぼかしてしまう。彼らは次元と次元のあいだに潜り込むことができるのではないだろうか。

　したがって、天使たちは唯一神の前では多神教を立証するし、古代ローマの多神教のなかでは唯一の神を肯定し、そして野で歌いながらいたるところに汎神論を広める……正確なものの前では曖昧さを正しいといい、不揃いな広がりの中では均質な法則を代表するのだ。そしてぼろを縫い合わせ、単調さを破り、男の前の女、牝の前の牡、世界の息吹、星座の光、けだものの生命、言語の精髄として、分離されたものを接続し、接続されたものを分離し、秩序相互のあいだを結びつけたり解いたりする。

　天使はけっして非合理ではないが、理性をやじり倒していながら、つねに論理と正確さの正しい筋道から外れることはないんだ。

　天使たちはぼくがずっと以前から考えてきたことを、いつもうまくまとめているんだ。混ざり合い、燃え上がり、厳密で、秘教的で、恐ろしく、かつまた清澄で開放的である大世界を考え、ネットワークのシステムと寄生体に貫通されたコミュニケーションの哲学を作ってきた。そして基盤として複雑性、カオス、騒音、ノイズの理論をいかなる理論よりも先に要求したんだ。

——よく説明して、とおどろいたピアの髪を風がなぶる。

——一個の理論《テオリー》というものは厳密にいえば観念の単調な一個のシステムを展開するんだ。ギリシャ語でそれは行列を示していた。純白のスカートをはいたにきびのある乙女たちの行列が、髯のない生真面目な若い男たちとか、あるいはお祭りさわぎに熱中して童心にかえった老人たちを従えて、人目にさらされ、歩き出すと、楽しげな人垣ができるようなものさ。

やむをえなければ、天使たちは調整したり行列したりする、いろいろ理論を組み立てたり発表することを知っている。しかし一般的に天使の無秩序は、いわば前-理論をなしており、システムを期待しながら分散されたストックなんだ。

乱気流が正常化する前かその後にはさまざまな危険の分布があるだろう。

学校の運動場では始業の鐘が鳴る前に遊び時間の大騒ぎがあるし、授業の始まる前は整列するだろう。体育の時間を終える次の鐘が鳴ると行列が乱れてまた騒がしくなるのさ。

——そのほうがずっとよく分かるわ、とピアが髪をなでつけながらいう。


受肉のお告げをもたらし、そして話しをする大天使たちは、天使たちが歌う空間から遣わされるし、その天使たちは他の天使がラッパやリュートで神の音楽を奏でる別の空間からやってくる。そしてこの天使たちもまた無数の小天使によって生み出される音が振りまかれている広がりから放散されるのね。

この流動する階梯の上で唯一なる神は、分解していくつもの神々に、偶像に、イデアになることを絶えずおこなっているし、またこうして分裂してつくられた差異が合体して唯一の神になることも休みなくおこなわれているのよね。天使、世界、あなたもわたしも、人間も、歴史もこの流れを上昇したり下降したりしているんだわ。

重力とともにわたしたちはいつも多神教のほうに下降する。天使はそれをわたしたちに見せようとしている。そうすることによってわたしたちを守っているのね。


ピアはつづける。

——お兄さんはことばのゆるやかな梯子をとても上手に作ったから、ひとつ質問してもいいでしょう。

——どんな罠を仕掛けてぼくを落とすつもりだい。

——ぜんぜんそんなことしないわ。こういう質問よ。わたしたちはさまざまの言語を話しているわよね、フランス語、イタリア語、スペイン語、ポルトガル語……そしてそれぞれの言語で自分の仕事のことを話すわ、大工、船乗り、花屋、料理人、天文学者、薬局の調剤助手とかが、梁だ、船の向きだ、植物だ、レシピだといって……細かすぎてときには門外漢にはちんぷんかんぷんだし、それからさらに、人々の欲望や、店の主人の叫ぶ命令や、希望、掟、恐れ、真実、愛、要求、憎悪を言うさまざまの言い方まで降りてみると……

——……それはすごく複雑なモザイクとなるな。そのあたりは作家が大いに腕を振るう分野だろう。

——わたしは全部いっぺんでまとめてみたいんだけど。

——聖霊降誕祭の日にするように、多言語で話すためにかい。

——そんなんじゃなくて、別のやりかたで。全部まとめるのをやってみましょうよ。

——どの地方のことばでいうつもりなんだい。

——明快なことばでよ。言語活動という恐ろしく奇妙な行為が、流動的なきずなや安定的なきずなと、腕木と橋渡しと、中継ぎを駆使して、まるで解かれて風にたなびく布でつつむように、言語のあらゆる状態を結びつけるというか仮縫いするの。たとえばこんなふうに。

空白の静寂と、砂漠と、夜の中のやすらぎ。

開け放って、辛抱してじっと耳を澄ます、果てしなく研ぎ澄まして無言の欠語状態を突き抜ける。

奇妙きてれつな暗騒音の海の中に溺れる。

火、生命の熱気。

狂ったような喧騒の混沌、傷ついたための荒々しい唸り声、呼び声の野性、窮乏の圧倒的な残酷さ、欲望の訴えるような涙。

新しい直感と戻ってくるリズム。

詩篇朗唱。そのテンポが繰り返されそしてその高い音を壁に打ちつける。

音楽的な上昇のメランコリー。

融合したコーラスの構築。

対話においてコミュニケーションへの切迫した要求。

目の前の他者あるいは不在の他者のなかへ失墜する自我の喪失。

誘惑したい意志そして最後には真実をいってしまいたい意志。

しかしまた逆にあるのは、
秘密の告白。

欲望と地に足のつかぬ興奮。

発生しつつある音と意味とを用いて、身体と意識を浮上させ、表出させ、存在させ、形成させる。

もの静かに回転し、たびたびもっとも熱烈な痙攣に変わるダンスと所作につける儀式的な伴奏。

世界のあらゆる次元に身体をおくトータルな舞踏のパフォーマンス。

客観的に描写された事物の凝視。

あるがままの事実の正確で明快な指示。

全地球的な歴史において天地創造から諸世紀が完全に尽きるまでの、未来の想定。

現在の壮麗さそして時間の歓喜。

話をしている今と死の時間までのあいだの戦慄すべき短さ。

近親者の、他人の、隣人の、ヒト科連盟の呼び声。

流刑の悲壮な想起……


言語活動のなんとも奇妙な状態が、ただ一回かぎりの発信——それゆえ普遍的だといえそうな——発信によって、言語の今まで知られ突き止められたあらゆる規定を連合させる。それには次のものが含まれる。

要求と供物、贈与、交換、悔恨、遺恨、赦免、望ましい選択。

善意の愛情たっぷりのくつろぎ。

司法手続き、形式的証拠の申し分のない厳密さ。

遂行的行為。

もっとも厳格な孤立状態をむすぶ集団的ネットワークの形成……？


だから言語の行為の統合的な総和というものを認めるでしょう。

——いや。

——お祈りをしにいってらっしゃいよ。

祈りというこの行為をどのように理解すればいいのかしら。だって内包的にみれば、それは言語のすべてをもって、現実の総体を、わたしを、他者たちを、世界を、歴史を、神をつつむのだから。

——それは要するに哲学を記述するしかたを示しているというのかい。

——この基本的な発端を手始めに、ひとはことば《ヴェルブ》を築き上げつつ、その目的に達する、つまりひとがいう祈りという総和にね。

典礼の最良の定義が天使の模倣を薦めているのをお兄さんはご存知かしら。

——教会の内陣にある修道士たちの座席はさしずめ水平の梯子というわけか、と笑いながらジャックは結論する。

——なぜなら天使たちは神のことば《ヴェルブ》を構築するからよ。彼らは騒ぎ、音をたて、歌い、踊り、音楽を演奏し、話し、対話し、告知し、ついには肉の創造に参加する……天使たちは祈ることを止めないわ。

――哲学することも止めないのかい？

出現

ジャックは皮肉な調子でいう。

――ところで天使の失墜はどうだい。天使は梯子から転げ落ちるのかい。

ピアはひどくまじめくさって応じる。

――天使の階級や意味や神のことばの構成と、新興都市やそのメッセージ伝達システムが展開する権力の上下構造とを一緒くたにしないでよ。人間の罪はすべて権力欲と名誉欲から生じるけれど、天使たちはその使者という仕事中に罪をおかすのだから。

――この仲介者はどんな無作法をおかすんだい。

――手数料や心づけに不満なときには、金銀の運搬者が一部をくすねることもままあるわよね。

――泥棒だぞ。

――そんなわけである種の有価証券は〈持参人〉に譲渡されるのよ。他の証券は署名で保護されるわけ。

――代理人そのものから証券を守るためなのかい。

――メッセージを持っていく走り使いはいくらかその情報をくすねることができるわ。

――寄生虫だね。

――だから手紙には封をするし、公用文書は暗号化して無法者から保護するんでしょ。

――横取りするやつら intercepteurs からというべきだな。

――通訳 interprète が会話をとどこおらせることもあるでしょう。

――訳す者は裏切者だ、ともいうよ。

――また外交官みたいな代表なんていったところで、それを委嘱した権威をかさに着なくては通用しないしね。

――行列の先頭切って行く少年鼓笛兵は自分を皇帝陛下とみなしているさ。

――とるに足らないごく普通のうそ、つまりだれの目にもうそだと明らかに分かって、おおよそ見当のつくうそというものは、メッセージの内容にしか害をおよぼさないのよ。だから幼稚なの……それに比べてこれからとり上げるうそは、目に見えないだけに、はるかに悪辣で、情報の通路自体を変化させたり、傾けたり、捻じ曲げたりするのよ。


情報伝達システムのこの通路を握っているので、この仲買人というか議員は嘘つきよりも巧みにうそをつき、そこいらの猫かぶりが足元にも及ばないだまし方をして、その委託者である選挙人の権力や名誉を横取りしてしまう。その上、姿を現すことがないときている。自分が姿を現すときは、他人のことを話すためなのだから。

——天使は自分を神とみせることもあるんだろうか。

——裏切り、寄生をどうやって規制するか……メッセージ伝達の妨害によって山のように生じるこのうそをどうさばくか。メッセージ伝達者の職業倫理の問題よ。伝達されるものを盗まないようにするにはどうすればよいか、ということね。

——過ちを犯すことがたやすければたやすいほど、倫理をただすのは難しい。

——答えはこれね。メッセージの背後につつましく姿を消すこと。お兄さんはことばを知らない国の誰かと時々話したことがあるわよね。その人はあなたのことばを理解できないから通訳を使うでしょ。通訳はあなたがたのあいだに第三者として滑り込むわけね。会話がすっと流れ出すと、ほっとしてなごやかになる。するともう彼もあなたも通訳のほうを向かなくなる。しかしお互い向き合っているのに、だれが話しだれが聞いているのか分からなくなる。翻訳者の体、声、口調が消えてしまい、直接的な伝達の中にあっという間に溶け込んでしまう。理解できないものを理解したという印象、理解を絶するものに触れるくらい接近したという印象が生じるのよ。仲介者とのこういう融合は神秘的な体験に近いわね。

——運ぶ人はけっして現れてはいけないのかい。

——多くの教訓は必ず消えてしまえといっていますよ。別の消え方もあるわ。教師の身体や声が、教室で教えているうちに講壇から消えてしまうこと。講演が成功したといえるのは、弁士の述べている哲学が具体的な姿をとって現れ、弁士自身と入れ替わったときよ。教室の中に隠し戸から目のくらむような美女が入ってきて、それまで彼女をことばによってひそかに喚起していた教師を追い出す、などということが起ったら奇跡だわよね。

その反対に、自分を哲学とみなし、弟子どもを獲得し、そして哲学はそっちのけで自分のことしか語らせなくする教師は最低ね。

メッセージを運ぶ人の身体は現れるか消えるかです。中間の媒介者は消去する。それは現前すべきではない、きらきらと目をくらましたり、うけをねらったりすべきではない……現れるべきではないのよ。

そういうわけでわたしたちは天使を見ないのよ。


——そういうわけで天使の口はものをいわないんだ。

——笑いごとではないの……いったいどんなわけで天使が男か女かなんていうことがおそろしく深刻な問題として否応なく議論されるべきなのかしら。それはあきらかに否定的に解決されるべきなのよ。もし使い走りがうけを狙うなら、メッセージの伝達は塞がれてしまうわ。

——仲人と結婚するってわけ。やり手婆と寝るというのか。金輪際ご免こうむるよ。

——情報伝達者の守るべき第一の義務は、日食、月食のときの食となること、ボクサーのようにさっと身をかわし、飛び立って退去することです。

——分かった。姿が見られるのは最悪の天使だし、最良の天使は姿を消しているんだ。

——さまざまの出現において姿を見せるのはだれなのか当ててみて頂戴。媒介者か、神ご自身か、失墜したうそつきの悪魔か。

——難しくてわからんよ。ピア。

――姿を隠すという義務に重大な違反をするのだから、出現はめったにおこらないわ。

――頭がおかしくなったなんてものじゃない、今じゃぼくの頭は支離滅裂だよ。

――天使の出現は天使を失墜させるのね、出現がいぜんとして必要であるにもかかわらず。

――もし天使とか使者が、引っ込み、散り散りになり、消えうせるべきだとしたら、どのようにして出現できるものかね。

――士師《はじ》記の第六章で、主の天使がギデオンに現れ、彼にことばをかけます。この若者の答えに対し主自身がいう……神なのか天使なのか、話し相手に対し何度となく繰り返されるこのためらいこそ、そこにいるのが誰なのかをあらわにするのではないでしょうか、天使か、神かを。

ある注解者はそこにテクストのいくつかの状態がみられると主張しています。つまり古い多神教の状態が新しい一神教の状態に保存されているのではないかと……文章とあなたのあいだに割り込もうとする注釈者にけっして耳を貸してはいけません。彼らは堕天使なのですから。直接お読みなさい。聖書や名著はその注解者などよりみずからよく照らし出して教えてくれます。注解者は邪魔者ね。

――詐取者か妨害者だ。

――お兄さん、目をよく開いて身のまわりをごらんなさい。新しい世界の数えきれないほど無数の使者が群がっているでしょう。新しい世界は配送業者で溢れかえっています。メッセージを配達するこの天使の軍団のいうことを聞いてください。ニュースを告げるもの、科学を分かりやすく解説する人、当局の代表、行政官、窓口業務の人……たちまち、たいていはそうしようと思わないのに、情報通路に彼らがどっかと占めているせいで、彼らの告げる善悪さまざまのニュースよりも彼ら自身のほうが重要となり、彼らが広める科学の発見や失敗よりも確実なものとなり、彼らがのべるレスラーの勝利や敗退よりも力と技を持ち、彼らが評価する富裕か貧困かという経済よりも富をもち、犯罪者や国家元首よりも栄光に包まれ、……彼らが運ぶ価値を盗み、メッセージを彼らに都合のいいように翻訳して、情報通路に寄生する……彼らは消えるどころか出ずっぱりで出現しているわね。

——テレビでぼくが受けた最初のインタヴューを思い出すよ。質問する人のほうは姿が見えていないんだぜ。彼の質問を受ける側には答えるのに四秒しかくれないんだ。ぶつぶついうしかなかったよ。いまじゃちやほやされるのはインタヴュアーだけだね。

——それにしたって、メッセージを渡すためには、インタヴュアーが現れてしゃべらなければならないわ。メッセージ伝達はそれだけで背徳的な効果を生み出すのね、個人の背徳とはべつの形だけど。同じ法則が言語の世界でも有効よ。批評家のほうが作者よりも優勢だわ。音楽では演奏家が金回りがよく、作曲家は気の毒だわ。果物や野菜も同じよね。生産者の農家は貧しく、商人や中間業者は裕福だし……それになによりも広告業者が……

一般化すればこういうことかしら。流通は経路が空であればあるほどスムーズに流れる。逆に、経路が一杯になり、つまってくると、それを妨げている寄生者がものすごく重要性をもってくる。コミュニケーションの世界ではチャンネルをコントロールする連中に権力が属しているということね。

——天使的だがもろいね。メッセージのシステムは結局堕天使の手におちるというわけだ。

——よい天使は黙って通過する。彼らのことをわたしたちは忘れている。ところがそうじゃない他の天使たちが出現して、わたしたちの神になるのよ。

――どうやって。

――こんな偽の神々を製造する機械ならごまんとあるわ。

――どれだい。

――今お目にかけます。メッセージ伝達者が本来の仕事をするなら、彼は姿を消します。彼の本当の大切さは消えるかどうかで決まるの。だから彼が目の前にいることは欺瞞なのね。へんなパラドックス。

――うそと本当が夜の中で点滅しているみたいだね、灯台が明るくなったり暗くなったりするように。現前、不在、また現前……いる、いない……

――だから天使たちは、彼らではないものであるということであり、彼らがそうであるものではないということね。哲学者は意識についてそういうけど、意識は守護天使をまねているのかしら。

――関係はだから存在よりも深くなるんだ。

――もちろんよ。これからは守護天使のことについて話しましょうよ。

――メッセージ伝達システムが支配する世界では、それを運営している人々がそれを中断することができる。伝達が停止したときわれわれは事の重大さを思い知らされる。

――それじゃ神々を製造する機械にそっくりではありませんか。

――だから真実のメッセージが通用しない可能性が大いにある。そうなるとコミュニケーションの世界は幻想のほうへ、麻薬を吸わせ魔法をかける方へとずれていく。そこから解放するためには新しい経路を作り出すしかないが、それすら同じ理由でたちまち詰まってしまう。あるいは英雄的な道徳によって作るか。

そこで良い天使と悪い天使との相違が歴然とする。謙譲の天使はメッセージの前で消えるが、メッセージから自分に重みをつけるために出現するやつもいる。

——だから聖書は、わたしが引用する一節や、他にも多くあるけど、多神教の神々を製造する機械の仕組みを示しているわよ。

——偽の神々は出現するために作られるのだろうか。そこでは偽ということは価値とチャンネルについて嘘をつくという意味なんだ。

——ともかく読んでごらんなさいよ。聖書のあの文言は神の声と天使の声のあいだで震え、ためらい、点滅しているわ。媒介者に必要な出現と媒介者に要請される消失とのごく小さい隔たりを気づかせて見せてくれるわよ。だからヴィジョンが生じるんです。眠っているあいだとか夢のなかで疑っているときとかが多いけど、それは神や天使が姿を見せながら消えたり、その逆だったりすることを示すもうひとつのやり方なんです。主の天使は彼が運ぶ主のことばの前で上手に消えるために出現する。ことばが現れるようにして天使は消えるの。そのあとはことばに場所を譲って。

なんと多くの代理人がこの場所にでんと座っていたことか。あの軽やかな揺らぎを知らないで。だから機械は摩滅して偽の神々を製造するのね。

聖書のこの文言はだからメッセージ伝達という単純な難問をみごとに表現しているわ。

道徳のことをとり上げると行き過ぎかも知れないけど。こういう条件でなければどんなネットワークもうまくいかないわよ。倫理はここで先端技術に行き着くし、責任は機能に帰着するわね。

ジャックは再び攻撃する。

——神はいたるところに現前するんだから、神がお望みになれば、ここにもそこにもおられるはずだが、どうして天使を派遣するのだろうか。

アナウンサーは自己増殖して数百万の人間にならなくとも、テレビの巨大な数の視聴者が画面で彼を見たり聞いたりできる。同じ画像が繰り返され、同じ音が広がる。アナウンサーに代わって話すためにだれかをあちらこちらに送る必要はない。チャンネルがいたるところに自分で運ぶから。

その結果われわれは、名前のある大天使や名前のない天使が一人ひとり別々に存在するかどうかもはや知らないのだし、あるいは天使が神の属性を表すとか、神の美、栄光、声、虹の光を表すというようなことをもはや知らないんだ。

ピアはまぶしそうに目を細める。

——浜辺に寝ころんで太陽の光線をあびているとき、わたしがはっきりとまっすぐに受けている光線が、数百万キロをこえて光と熱とエネルギーのメッセージを運んでいるのか、それともわたしは天体そのものの中で寝ているのか、まるでプラズマの核と、それをかこむ火、明るさ、色彩、生命という層からなる皮の部分とで構成された果実のなかに入ったのか。どちらでしょうか。聖書の文言が天使の返事か神の返事かで決めかねて迷っているときというのは、聖書は太陽の光線かあるいは日光浴かといっているようなものではありませんか。

——地球から太陽までの長い距離を測って計算するときには、太陽の重量の集中するような密度の高い抽象的な点があるとするんだ……

――……でもわたしたちは地球人で、大地の子で、肉体と感性をもっているから、大地もわたしたちもつまり身体も財産も、炎が赤く、白く、青く輝く太陽の球、真昼のヴィジョンと栄光の内部にいるということは、はっきり分かっています。

――学者は放射能も話題にするが……

――……でも太陽の透けて見える熱いプールに浸かって生きていることは知っています。それゆえ、神がどんなにわたしたちから遠くにあっても、神の内なる息吹にわたしたちはちゃんと浸っているの。

厳密にいえば神は天使を必要としないのよ。

ジャックは皮肉にいう。

――じゃいったいぼくらはだれのことを話しているんだっけ。

――透き通るような淡い光よ、御公現の光……

彼女はふいに振り返り、待合室に掛けてあるフラ・アンジェリコの複製『受胎告知』をさし示す。

――……三人称について。

――だれにかんしてだい。

――マリアはそよ風のようにすっと現れた天使に向い、おどろきにとらわれてお告げを聞いているわ。マリアはこの絵を見るひとの右手に座っておられます。この情景は左から右へと横文字を書く方向をたどっているから読みやすいわ。ただどうでもいいようなことばは霧のように四散するけど、ことばがひとつの方向〔意味〕をとるなら、ことばは考えをはらんでいる。そしてもしことばが考えをはらんでいれば、この方向〔意味〕をとるのよ。そしてこの方向だけを。神のことばが肉となる方向をね。

——われわれの価値のある言説だけが女性の身体に侵入する。

——女性の巧みなことばが男性の身体をそそるのね。

彼はおどろいて黙る。彼女は満足して続ける。彼女は対等でありたいのだ。

——マリアは身をかがめる大天使ガブリエルの前で身をかがめます。ガブリエルが女性に対して示す敬意と釣り合った同等の敬意をマリアはガブリエルに示しています。したがって彼女はふいの訪問者にかるく会釈すると、客のほうも女主人のほうに答礼のかるいお辞儀をするの。彼女は不安な面持ちでふしぎなメッセージを待っています。彼のほうはマリアに注目して、告知された女性からの返答に耳を澄ませているところ……

——きみの話を聞くと眩暈がしてくる。

——傾いた肩、上半身、首がつくるこの態度の釣り合いはなにを表すのでしょう。日々の家事にいそしむごく普通の女性が、思いがけない、並外れた、聖なる存在を前にして、つつましくお辞儀をしている。彼女の身にあまる神のことばを彼はもたらすの……大天使の中でも主だったガブリエルのほうも彼女の前でうやうやしくお辞儀をします。この瞬間に彼女は胎内ではその神の母となっているのよ……いわば待機中のこの妃は、慎重に使者がもたらした神のしるしに恭しく敬意を表しています……使者のほうも聖処女によって受けられた神の受胎に深い敬意を表すの……彼女は神の呼びかけに応じて身を傾けています……つまり神の呼びかけは、神の肉体的な現実化を前に、身を傾け身を折りまげている者によって告知されるの……

　この相互のやり取りは明らかですが、また比喩的でもあり、この果てしないやり取りのあいだに、第三の巨大な、目に見えない、姿のない存在を浮き出させているんだわ。

　――どんな存在だい、だれのことだい。

　――神はみずからの透明な影でこの情景を覆っているわ。ふたりの人物の出現と姿という形をとって生起するすべてが、あたかも神がみずからが神と向かい合っているように展開するの。潜在的なのは、なぜなら、天使の側のことばであるから。また現実的でもあるのは、女性の子宮の中では意味が動き出し、そして終わるから。わたしたちの肉眼はマリアとガブリエルを眺めているけれど、信仰は心の中で受肉と向き合った出現をみつめているのよ。

　ことばとしての神が肉としての神になる。神の透明さを通過して天使とマリアの対話がおこなわれ、第三の存在がその濃密な実在性によって人物たちに浸透するの。つまり二人の聖者は神がみずからの前に身をかがめるようにと祈るのよ。天使と女性は姿が見えていながら消えるの。

　大天使は聖処女の姿を見つめていないように見えるわね。マリアは明らかにガブリエルの顔をじろじろ見ていないわ。第三の存在が彼らの目をまぶしがらせるが、この世のものとも思われない集中力をこめた奇跡的なまなざしは、神の上に安らかに注がれているの。

　現在が動かなくなり永遠となったのね。

　そうするとわたしたち自身のまぶたが開かれ、変貌した姿を見てその現前に気づくことになるわ。

わたしたちが恍惚として眺める神々しい美しさはこの二者が崇めているものなのよ。わたしたちのまなざしは、この二者のまなざしのふしぎな方向を追って、その場の外へ、この絵の形象たちの外へ向かうけど、その形象化された方向（比喩的意味）の中にある。そして本来の意味を発見するのよ。ジャックは無視するようにいう。

――天使なんて架空の存在じゃないか。

ピアは学者ぶっていう。

――天使を比喩的な意味にとったらいいでしょう。あなたのいう架空 fictif という形容詞とわたしのいう形容詞、形象化、比喩的 figuré のラテン語の同族関係はご存知でしょう。でも比喩はやめて、わたしたちのことをじかに話しましょう。

彼女は向きを変えて彼に正面からいう。

――お兄さん、わたしがあなたに敬意を表すとき、あなたの前で身を傾けるのはなぜかしら。あなたがわたしに話すとき、わたしは、上体や肩や頭をあなたのほうに少しかしげます、手をおとなしく組んで、あなたの声を聞き取ろうとします。つまりあなたがわたしのからだのほうに投げる意味によってわたしが通過されるようにするの。

そしてわたしがあなたに話しかけるなら、こんどはあなたが身を傾け、わたしのほうにあなたの姿勢をかしげるし、あなたの善意はわたしがなげかけるメッセージを通過させるのよね。

こういうことができる前に、相互的な平和契約を説明しておくべきね。それがなかったら、対話なんかそもそも始まらないし、敬虔な願いとか純然たる善意にしても、その契約を生み出すことも維持することもできないんだから。

——そういうものはどこからくるんだろうか。強力でたえず生まれてくる暴力がつねづね待ち伏せており、われわれの身体、集団、都市、あらゆるレベルの労働に結びつき、暴力はその断絶をたえまなく警戒している。

ぼくはきみの説にはそうやすやすとは屈しないよ。ぼく自身の文化・教養《キュルチュール》そのものがきみの文化・教養を受け入れないし、きみのほうもぼくの文化・教養が我慢ならない。他者は個人であろうと集団であろうと、地獄からくるものだし、そして他者はそこへ行くんだよ。二人の対話、たった二人だけでの対話がいつだって紛糾して戦争となるのさ。二人のうちの一方の権力と栄光のために、いつなんどきでも第三の位置に戦争が待ち構えているんだ。

——この契約は別の審級、つまり第三の審級が常時存在することによってのみ成立するのよ。お兄さんがわたしに従うことなどお願いしません。わたしがそれにふさわしくないことは重々承知してますもの。しかし今このとき、わたしのことばはわたしのことを話しているのではなく、それに向かってわたしが合図している別なもののことです。お願いですからわたしのまなざしが向かうもののほうに、あなたのまなざしを向けてください。わたしでもなくお兄さんでもない、他のだれかのことを話しているあなたの声をいまわたしは聞いています。あなたがわたしに語るものによってあなたの顔が輝くのをいまわたしは見ています。

だからわたしがあなたのなかで尊重するのはこの不在の現前です、つまりあなたの背後の神がそれに神という包括的な名前をあたえるのよ。

——ことばが命令したり、軽蔑したり、ののしったり、あるいは侮辱したり、殺したりするとき、ことばは依然として不毛なものだろうか。

——ことばの後ろには死体がごろごろ残されているじゃありませんか。

——じゃことばの多産性はどこからくるのだろう。

——逆に、ことばは構想し、構成し、意味から肉へ移り、生み出すわ。

謙譲だけがこの対称関係を作りだすのよ。天使はそれが運ぶことばにかんしては透明だし、すでに特別崇拝という表敬の対象となった女性〔聖母〕の前ではひれ伏すの。そして彼女はメッセージのことばによって告知された運命の前にあきらめてひれ伏すわけね。天使的な兄弟としてふたりとも神の前では謙虚です。彼女もまたすでに自分のおなかにいて、彼女が運ぶ子供の前に頭をたれます。そしてこどもは自分が運ぶことばの前で頭をたれます。

わたしたちが話すとき、わたしたちの言説が運ぶ意味の前で、わたしたちは自分を消します。フラ・アンジェリコや天使の対話にとって、神は意味なのです。わたしたちが話しているとき、意味は神になります。

そこで、いくつかの福音、つまり美、発明、新しいもの、思いがけない時間が不意に訪れるの……平和の成果が。

——ピア、いま約束を果たしてくれよ。ぼくは守護天使を信じない。とジャックは影法師でも捕まえるかのように急に振り返っていった。そんなものはおとなしい子供の幼い空想だね。

——わたしは今日ジャン・ジオノ〔一八九五—一九七〇、フランスの小説家〕の最高に美しい小説『大いなる道』〔一九五一〕を読み返したわ。

——山賊の話かい。

——いいえ。山の中の大きい道やら小道やらをさまよう作者が一人称で語る話なの。彼はごわごわしたウールのズボンをはき、パイプとナイフをもち、いつも芸術家みたいな男を連れまわしている。森のどこかで出会った放浪の男を芸術家《アルティスト》と呼んでいるわけ。このあだ名がかれの才能を示しているわ。ポーカーのいかさま師、トランプ手品の名手、いやな目つきの性格的な詐欺師なのよ。

——またしても寄生者、食客かい。

――その男はこの物語の話し手の世話になって、暖まり、眠り、食べるのだから、結局話し手は面倒をみるし、またかなり献身的な看護人となってその男を守り、最後の危険なときまで世話するの。ものすごい大博打のあとで負けた連中がいかさまに気づいてしまい、殴って顔や指に大怪我をおわせたので。

――たかりやなのかい。

――そんなに単純じゃないわ。読者は作者に質問したくなるわね。ジオノさん、こんなペテン師をあなたのそばにおいておく必要がどうして生じるのですかってね。だってジオノさんが彼を救いに駆けつけるときは、ジオノさんの生命がかかわっているようにさえ思われますもの。彼がジオノさんに頼って生きている限り、ジオノさんも彼がいなくては生きていけないようですわ、とね。

――共生者だっていうわけ。

――さあ……ジオノさん、あなたが冒険の道をたどったのは、もっぱらあの心惹かれる幻影を尾行するためだったんでしょう。あなたは最後の夜まで追いかけ、暗い森の中をぐるぐるまわって、ついにあなたの足跡が彼の足跡と交わり、真っ暗な茂みの中で彼に向かってめくら滅法にたっぷり火薬の詰まった銃を発射した。彼が――どうしてあなたではなく――憲兵隊につかまる寸前のことです。

――反目する双子か。

――この暗闇にもかかわらず、『大いなる道』の作者は、批評が警察とつねにそのあいだで手を組んでいるのは、両方とも探偵だからだけれども、彼らが作者の私生活を臆面もなく嗅ぎまわるのに、肝心のときにはいつもひとあし遅れると見ているわ。

――新手の寄生虫か。

——覗き魔で、厚かましく、卑劣な捜査員なんかに真相が分かるはずはない。したがって捜査員とか評論家が暗い現場に足を踏み込む前に、善は急げとばかり芸術家が自称芸術家を殺すの。

——両方とも芸術家を名のるとは、同一人物なのかな。

——お兄さん、好きなほうを選んでよ。さあ今度は作者と本を変えましょう。『ラモーの甥』〔一七六〇—七二〕がその作者のディドロ〔一七一三—八四、フランスの啓蒙思想家〕に付きまといます。

——またも分身か。

——ディドロはその男をある酒場でみつけて、彼との生活が続いているあいだ会話を書き残したの。肌身離さずもっている自筆原稿は告白録に匹敵するんじゃありませんか。

——どっちがどっちに心を打ち明けるんだい。ディドロのほうかそれとも当時の大芸術家ラモーのもっとも近い身内のほうかい。

——どちらなのか、お兄さん、選んでよ。

——きみはだれなんだ、ぼくはだれなんだ。

——二人が同じなら、だれがだれに語ることになるのかしら。ジオノの芸術家は本名ヴィクトール・アンドレで、両親は不明。おまけに二人とも名前はジャンです。

——この孤児は兄弟みたいに彼に似ているんだ。

——芸術家は、つまり作家のことだけれど、その男の正体を知っており、アルティストがあだ名であり、しかしまた仰々しくこう呼ばれたことも知っています。

——ジオノは俗なことばの中からひろいあげ、ディドロは名家の末裔からとりだす。偽天才がふたり、代理人によって選ばれたということか。

——この人物のあだ名はペンを持つ人、あるいは痰壺を持つ人〔ひとりで喋りまくる人〕との関係を明らかにするわ。問題は太陽一ダースよりも明快ね。芝居がかった詐欺師あるいは虚言癖の男なしに、いかにして創作家は自己を表現するか、ということ。お兄さんがいっていた寄生虫、彼に頼って生きている者、しかし彼の創作を調整操作する者を、身辺におかずに創造できるか、ということよね。

——じゃ演出家じゃないか。

——幾分かはね。

——分身のペテン師か。

——創作家というのはジオノの主題ではないし、創作家に付きまとう道化はディドロでもラモーの甥でもないの。そうではなくてアルティストと芸術家とのあいだで働いている関係が問題なんだわ。

——分からないな、よく説明してくれないか。

——このペテン師である他者はどんないんちきをやっているかしら。テーブルに五十二枚のトランプを並べます。キング、7、絵札、数字札。

——トランプのいかさま師、つまり奇術師だ……

——神は数字と絵姿で世界を創造なさった。神あるいは芸術家は……〔カードを〕まぜて、切り、くばる……この世に。わたしたちはあたえられたものを見つける……

——ピア、なんだか深刻な話になってきたね。

——カードが広く分配されたと想像しましょう。それはたえず結合しあっています。わたしたちはそれからじぶんの運命の分け前を受け取ります。偶然と必然のない交ぜになったもの。不幸のエース、才能の5、幸運の灰色のジャック……

——……そしてお気に入りの庭園に奇跡的に現れたお忍びのクイーンとか……

——あなたのお話はそんなふうに展開するのね、わたしの話、わたしたちの話、本当の話ではキングたちは7より稀になるけれど。

——配るのはだれだい。

——それはだれにも分かりません。神なのか、自然か、運か、摂理か、DNAか、宿命なのか、それともある晩、なにも生えていない空き地に種をまく前に飲もうと企てて集まったわたしたちの親たちか。カードの配り方は、正しいものにも不正なものにも、まったくそんなことはおかまいなくたっぷり振りまかれるの。

——まともな者といかさまの奴があんなに似ているからな。

——ところで、たえずいい数字札を引き当てるペテン師がトップに立つのを見るために、わたしたちも札の選択に多少は手を染めてみたいと、それどころか配る人の席に思い切ってすわってみたいと、はっきりいいましょう……いや、だって、雨が降るかどうか、富くじが当たるかどうかも、あるいはよく切ったカードを配る人だってなにも知らないのに……しかしそのひとのすわっている席こそみんなの背後でカードを入れ替え、調整し、組み合わせ、割り当てるのだから。

——あたかもそのひとが実在しているようなふりをしてか。

——だってどうあがいても、本物の創造者の行為をわたしたちがうまくやるなんて到底できないのだから、せめて偽札作りとか模倣者の行動をまなぶことにしましょう。

——どちらがどちらを真似るんだい。

——ジオノはペテン師を連れて街道をいくし、ディドロは音楽家をつれまわして居酒屋をめぐったわ。音楽家といっても作曲や演奏のふりをするだけだけど。

——だれがだれに教えるのさ。

——二人の作家が魅了されている顔をご覧なさいよ。ひとりはトランプをあやつる早業がうらやましくてよだれを垂らさんばかりだし、もうひとりはろくでなしのパントマイムにうつつを抜かしているのよ。いいたいことがあっても、言い方を知らなければゼロに等しいし、さまざまの形式をこなす腕前がなければ、知識はなにも生み出さないというわけね。

——じゃ、偽物は本物に本物を教えるのか。二重の模倣者がまっとうな自我に教えをたれる。変だよ、道徳に反するじゃないか。

——だって、奥方や王さまと召使の恋と嫉妬のもつれを説明するのは、順列と組合わせだし、喜劇なら始めから終わりまでそれだし、さまざまな物語や小説やうまくいった話でも、それで説明がつくじゃありませんか。そうよ、みんなトランプやパントマイムの芸当なのね。

ペテン師は配られた札の中身を知らなくても、ごまかして配ることによってその場を取り仕切るのよ。

——偽の兄弟なくして本物の芸術はないとは、ピア、なんともお恥ずかしいことだ。

——これこそアルティストの仕事よ、お兄さん。ジオノと小説家自身の分身の仕事なのよ。ペンをとる者が、うまい話をするのは、巧妙な守護天使によってそれをするんだわ。やっと信じる気になった、ジャック兄さん。

――守護天使はもっとまともだと思っていたよ。

――待って。ありふれたゲームなんて退屈でぜんぜん面白くないわ。ハートの5や3しかない平々凡々の暮らしみたいよ。それに比べて法外なゲームは大きな声ではいえないけれど、どんどん額が増えて、隠し切れなくなるわ。時間を大事に使った方がましではありませんか、一週にくるはずのない四度目の木曜日の到来なんかを待つよりも。

――おまえの尻尾を捕まえたぞ。おまえは悪い天使にそそのかされてるんだ、ピア。

――わたしが創作すべきなら、新しい組合わせに手をそめることは避けられそうもないわ。嘘つきは……小説家……いかさま師は……短編作家……ペテン師は芸術家……虚言症は……政治家かしら。

――おまえは自分を、神か、DNAか、運命と取り違えているのではないか。

――本当に創造する神ではなく、四人の悪魔が登場する劇の悪魔ね。だって魂も肉体もないくせに、張子の虎がおぞましい偽の尻をふるみたいにして、人間が大金をあさり、支配を、流血を求めるんだから。

――色刷りカードの天使たちに従うために、われわれはいくら支払うのかね。

――いや、めっそうもない。天使は気取っていますから。

――嘘をつくことがそんなに心を奪うとすれば、偉大な太陽や大道の真理は色があせるばかりだね。

――偽物を作る者は善良になることはできません。悪に甘んじなければならないから。そのひとはすべてを血で染め、その流す血だけが美しい世界の関心をひくのだわ。

——そのアルティストのすべての分身は、狂って、嘘つきで、おぞましい、語ることはもっぱら……

——……死ぬこと、彼にふさわしいのはそれだけね。本物の創造主は現実を創造することで善となるのね。

——ぼくは双子の兄弟の片割れを断然支持する。神は真実の作品を除けば悪魔そのものなんだ。

——芸術家はだれでもその話を語り、彫刻し、描き、作曲するとき、無数の要素を組み合わせるのだわ、この人殺しと、あの帽子と、あの女、あの風景……

——製作者は与えられたものに細工をほどこすことを教えてもらうために、偽造者、いかさま師、ペテン師、悪い分身が必要なんだ。

——ジオノはだから彼の作品の大道にいかさま師を連れて歩くし、ディドロはパントマイムの甥を生涯連れて歩く。ではだれが創造するの。

——このペアでするんだよ、きみがそういったじゃないか。モーパッサンと彼のオルラ、某氏とその天使、このペアは最良にも最悪にもなる。最良のほうが天才的であればあるほど、悪いほうもひどくなるよ。

彼女はためらっていたが続ける。

——持ち札に満足したり、それで諦めたり、普通の遊びではゲームの規則にみんなが同じように従うことが要求されるわね。いかさま師はこういう普通のまともな生き方に我慢がならないのよ。だから彼らはこの合意に命を賭けて反対するの。賭金が高くなればなるほど背筋をぞくぞくさせることが多いし、最悪の場合には破産の憂き目に会うくらいだけど、しかしいかさまは命がけなの。だって相手がいかさまに気がついたとたんに命が狙われるでしょう。これが本当に賭けるということ、つまり大きく賭けるということなんだわ。

——最後のぞろ目、創造こそ生きることだ。しかしそれで命を失うこともある。

——いかさまなしでは賭けにならない。この遊びは最高に危険なものになるわ。そこに命を捨てることもあるんだから。

——不道徳な不正行為の手厳しい教訓だね。賭けの規則は手袋みたいに裏返しにされるんだ。

——こういった斜めの大道でアルティストとラモーの甥は大きな危険に命をさらすわけね、しかし話者と哲学者も道連れにするのね。二人がいなければ話者にも哲学者にもなれないのよ。いったいこの切迫した危機がなければ、なにを物語り、なにを考えるのかしら。

この兄妹はすっかり驚いてしまう。

そこへ休息して元気になったパントープが入ってくる。

——ゲームは三人でもできるの。ジャックとピアとぼくで。

ピアが答える。

——わたしたちしかこの世にいないと思っているの、パントープ。わたしたちは各自の守護天使とともに四人の悪魔劇をやって大騒ぎをしましょう。

一同大笑い。

——手品師がすばらしいトランプの業を見せたり、あるいは大じかけな詐術を成功させるためには、少なくとも指の下に全部のカード、それも上等なトランプのカードをおき、またカードを名人なみに操る腕をもち、その体がパントマイムの百面相をこなさねばなるまい、と一方の男がいう。

——さあ、ピア、アルティストのゲーム、トランプの手札をわれわれに見せてくれ。みえみえのポーカーのいかさま師のゲームではなく、小説家や画家のゲームをね、ともう一人がいう。

——画家は手にパレットをもち、あるいは秘密の隠れ家、時として画家自身にもはっきりとは意識されていない隠れ家の奥に、作品の元金、資本、大金、蓄え、彼の可能なあらゆる生産の源泉を隠しているわ。

バルザックは『知られざる傑作』〔一八三二〕の結末で、アトリエの奥にいつも隠されていた一枚の絵を読者に暴いてみせます。それは色彩と形態と色調のカオスみたいで、その混沌ぶりは、もし聴くことができれば、「美しい諍い女」の暗騒音、基調の騒音を発しているのが分かるほどのすごさね。

登場する守護天使をざっと眺めてみましょう。〔モーパッサンの〕『ラ・オルラ』〔一八八六〕は一種の霊、亡霊、蒸気、息吹、地霊を示しているわ。ジオノはトランプのカード一組というようなさりげない小道具を見せるし、バルザックはもっと複雑な対象である一枚の絵を見せるけど、すでにそれには女性の固有名詞、ノワズーズ（ノイズの女、諍い女）という名前がつけられているの。ディドロとジオノは自分たちの身近にそれぞれ分身をおいています。それがアルティストであり、もうひとりのアルティスト（ラモー）の甥なの。

ここにひとりの人物が浮上してくるのね。黒服を着た孤児、兄弟のようにわたしに似ていて、息吹から、油絵のカオスから、数と絵札の組み合わせから生まれてきたものなの。

——守護天使が幽霊のように出現するのか。ブラボー。ピアは芸術家なんだ。

——画家たちは手近にこんなパレットを置いているわ。それには剝き出しではなくむしろ密かにあらゆる色と色合いがそろえてあり……音楽家は音、雑音から和声までを前もって準備しているの。しかしことばの職人たちもまたあらゆる意味のあらゆる語のための銀行をもっているわ。言語行動の大全集、もっとも過激な矛盾した諸意見、あらゆる次元の対立する諸真理、そのなかには人が口にだすことを望まないもの、口にだして言えないことさえ含まれている。美徳と悪徳といった行動、生きた種類のもの、社会的な種類のものも、この全集を利用するやりくちも、社会の構造のさまざまの梯子も含まれているの。

わたしたちが物語を書きおろすか人物論を書くか、それとも思想や意見を執筆するかによって、それぞれちがった口座、金庫から蓄えたものを取り出さなければなりません。しかしそういうものがあってそしてきちんと動かなければ、創造的生活は始まらないわ。それは暗い井戸のようなもので、その中に人間ともの、真実と偽物、悪と善、理性と狂気が絡み合っているのよ。

アトリエのなかで、画家がチューブから出した絵具のさまざまな色合いを混ぜ合わせた結果、そこに生じたねずみ色の絵具の層を前にして、これがパレットの最初の状態と対比される最終状態なのかと思い、踏みにじってしまうのと同様、ペンの人も同じ種類の泥の中で悪戦苦闘しているのではありませんか。

真実とか意見がきっちり確定される前、人物が素描されるかはっきり描かれる前、作品の素地、資本、傑作は発生期の状態で存在しているのかしら。

——うなり声みたいな、あるいはノイズのような、響きと怒りがその井戸から発生しているよ。シリンダー状の空港のドームが人間たちのざわめきを響かせるし、空港の周囲では風や飛行機の音が響いている。

三人ともまた心の中で、この大きく開いた井戸の音を聞くために黙り込んだように見える。

ジャックは医療センターのベッドで眠っている娘を起こしに行く。パントープはジャックと交代する。

——天使が一番明るい時間に音楽を演奏したり作曲したりするのはどうしてだか知ってる?

——天使がそんなことをしていることすらぼくは知らないね。

——音楽が高鳴り、調子をとり、ことばを語らずに振動する、かすかな音を立てるか、あるいは朗唱するの、そのいわんとしているようなものがなんであるか、わたしたちは決定できないわ。情熱、陶酔、苦悩、雷鳴かしら。軽やかで、すばやく動き、しなやかに揺動する音楽は可能性を踊っている。固定された意味を完全にうばわれている音符を使いながら、音楽は分別のあることば以前の普遍的な世界を表現しているのね。

——いま静かにしていると、ぼくにもラモーの甥が弾く不在のクラブサンや見えないバイオリンが聞こえてくるよ。

——パントープ、大きな扇が開かれるのを想像してみて。尖った要《かなめ》のところに意味が固定され、決定されていて、そこが科学の位置なの。そこから周辺に向かって音楽が始まります。意味が決定されない音楽と、単語がひとつのものしかいわない科学のあいだを、日常の言語が受け持つわけ。意味はなかばしか決定されないけれど、しかし半分は自由でしょ。

ラモーの近縁者である彼の甥は、作曲を夢見てすばらしい演奏をし、若い娘たちに音楽を教えます。ジオノのアルティストがギターをかなで、バルザックが唐突にフレンホーフェルのもとを去るのは、そこに残された絵によって美のノワーズ〔いさかい、ノイズ〕を見せるのではなく、むしろそれをわたしたちの耳にきかせるためなのね。

——音楽を作曲するために意味から解放されることを夢見なかった作曲家がいるだろうか。だがひとがなにも聞かないのなら、書いたとてなんになろう。

——扇の表面を埋めながらスタイルは、母音唱法や音による喚起から正確な知識へと向かい、あるいはその逆にも向かいますよ。

こうして音楽家たる天使は作曲家をまもり、作曲家はその守護天使を模倣しようと夢見るの。なぜ天使が舞うのかもう分かったでしょう?

——天使がそんなことをするなんて知るもんか。

——デルフォイの神殿で巫女が身振りで意味していたことも同じよ。煙と炎がもくもくと出てくる冥界の入り口の上に置かれた三脚床机に座ってね。巫女が口から洩らす意味のわからないことば——音楽的なことばかしら――それとも意味が溢れかえっていることば、それを解読するためには通訳が必要だったほどよ。オーケストラの指揮者の身振り手振りも同じなのよ。鉄道の信号機みたいだけど、言説的な意味を奪われた楽譜のもつ空間的時間的方向を口を使わずに指示するのだから。

悟性も声も、言ったり、正確に述べたりできないとき、それらが制御しないものを身体がじかに表現するのね。そのとき指揮者は恍惚状態に陥って踊っているんだわ。

舞踏が透明になって指示し、指定し、描き出し、意味するのも、意味に先立つ同じ普遍的世界よ。女性の踊り手は巫女となるのだし、男性の踊り手は全身を駆使して、指揮者の手や腕をまねるのね。百や千の位置を占めながら。踊り手が自由に動かす身体は、それこそ一万もの手法で自己を示すことを知っており、動き、なんでもできるわ。そして任意のものから別のものへと自由自在に移ることができます。だからあらゆる価値をもつ身体は純白であり、あらゆる色彩で染められるし、またあらゆる特徴を潜在的に含むゆえに抽象的でもあるわけね。

踊り手は、関節をばらばらにする désarticuler から、関節（articles 冠詞）に先行します。彼はすべての位置 positions に適合するので、前置詞 prépositions を模倣します。だから鍵盤をめざして訓練された手や指をつかって区別することができる踊り手は、の方へ《ヴェル》、において《ア》、の中に《アン》、の上に《シュール》、によって《パル》、のなかで《ダン》、の外で《オール》、の後ろで《デリエール》、の前で《ドヴァン》、のそばで《プレ》、の下で《スー》、の間で《アン》、しているあいだ《パンダン》、のあとで《アプレ》、のさきに《アヴァン》、にもかかわらず《マルグレ》、に対して《コントル》、以外《エクセプテ》……全空間、全時間、全状況、関係、つながり、を示す普遍的な媒介者なのね。

舞踏は、ちょうど音楽が前置された意味を聞かせるように、前置された身体をわたしたちにみせてくれるわ。それゆえ、わたしたちは、意味を使ってあるいは使わずに、存在をもってあるいはもたずに、心ゆくまで考えたり、行動したり、働いたりできるのね。そういうことができるのはもっぱら関係によってだといいたいくらい。つまりパントマイムね。

そこでパントープは立ち上がり、身をよじって笑うピアに向かって拍手し、歌いながら腕を差し出し、踊り始める。彼女に近寄り、彼女も踊りに加わって、彼の前や後ろにつくように誘い、単調な旋律をくちずさむ。

——……正面の舞台の上では、バレーの上演されるあいだ、あるいはカップルが飛び回るスポットの当てられた場で、若い男が床の上を飛びそして跳ね、畳んだものを上のほうに広げるように身体を放り投げ、地面の外に身を引き離し、一挙に空まで達するかのように空間を横切る。それから不意に、身体を縮め、地面とすれすれになり、彼とパ・ド・ドゥ〔二人の踊り〕を踊る女性の踊り手の足元にメロディーの感動によって戻ったり倒れたりする。彼女とは最初の出会いからぴったりと身体を寄せ合い、彼女に巻きついていたような彼が、いまではトランペットとホルンにおされて離れ離れになっている。遠くで軽やかに、はしゃぎながら、あいかわらず音楽のリズムにのって浮かび上がり、その腕と、脚と、上半身とで、あるいは胴体とか頭で、周りの空間によって、上のほうの目に見えないなんらかの事件を指し示し、あるいは逆に下のほうに、地獄のほうかもしれないが、宿命によって引き寄せられ、あるいは、希望によって左側に引き寄せられ、あるいはなんらかの不安のせいで右から押し戻され、前に急ぎ、後ろにひそむなんらかの危険を避けるために策を弄し、まるで現実がすべて彼らの外に、そして彼らのあいだに存在するかのよう。もし彼らが重さも実体もなく、ひたすら指し示すためにのみ生きているのであれば……踊り手自身は空っぽであり、無色で、透明で、いかなる安定からも遠ざかり、したがって生存に陶酔しており、超然とし、あらゆる意味の外にあって、常軌を逸しており、だからこそ意味を普遍的に喚起できる……

……音楽としての身体は、パロールとしての身体以前に空間の中に、また時間による運動の中に据えられており、世界の中に、また世界の外に置かれ、意味に先行し、前置詞によって取り囲まれ、前置されており、前置詞で遊び、あるいは前置詞と戯れる。音楽としての身体は、風に揺られ、色とりどりに染められ、音楽＝身体の処女性のまわりにはためく白いリボンの群れのよう。

パントープは自分の歌うものをしぐさで模倣する。ピアも彼と踊る。あけっぴろげないい気分で、跳ね、飛び、笑った……

息が切れてふたりは止まった。

——作家の場合、個々別々の人生を誕生させるのに、目のところまで意味にたっぷりと浸かっているから、パレットが分身であるひとりの人物に成り代わる必要があるの。分身の本来の独自性は独自性を持たないこと、つまりすべてが可能であることなのよ。

なんであれ物を生産するためには、パレット、目に見えない精神、隠れた対象がここで、わたしがすべてのものとあるいはすべての人と関係を結びに行くために手を借りる、そういう人の姿をとらねばならないの。つまり普遍的媒介者ね――哲学はつねに女衒をやるのよ――仲介者、ヘルメス、霊媒、無言劇の俳優、あるいはそれよりもパントマイム役者、わたしの隣にいる分身、オルラ、最初にわれわれを忘れたときのそのわれなのね。わたしに踊り手、寄生者、両性具有、守護天使を生きさせ、考えさせるだけに、わたしはそれを養っていかなければならないわけね。

音楽は意味に先行するものを表現するので、意味と言語における後継者たる作家は、その遠い先達たる音楽家や、すぐ近くの先輩であるパントマイムにつねに近接している。ラモーの父方か母方の甥、作曲家は作家の取り巻き、分身、兄弟になり、作家が考えたり創作したりするために不可欠の人となるのよ。

――作家は彼を食わせ住まわせなければならない。まさに作家の食客だね。

――作家は彼なしには書けないのよ。作家のインスピレーションの源だから。

――守護天使はわれわれと隣人、遠くに住んでいる人も含めてすべての隣人との間にいるので、結局われわれのすべての関係を調整しているんだね。

――兄弟みたいにわたしとそっくりのこの孤児は黒を着ている、あるいは目に見えないこの分身は白くそして透明になる。黒と白は単純な色彩だけれど、どんな価値ももつのよね。

――ピア、ロトンドを覚えているかい。昔の鉄道の円形の建物〔機関車庫〕だよ。

――いいえ、分からないわ。

――修理のため機関車はレールを離れて円形の台の上に置かれるんだ。台は回転軸で回るように作られている、だから修理が済むと、このロトンドの周囲に放射状に敷かれているレールのなかから、どの方向でもゆっくり選べるようになっているんだ。

前方でも後方でも、右でも左でも、ストラスブール方向でもボルドー方向でも、後でも中間でも、その他いろいろな方向に行けるので、機関車は可能性の状態でシュッポ、シュッポといっていたんだ。ロトンドの台はそれ自体いかなる方向ももたないのに、あらゆる方向に回転できた。あらゆる位置に対して前置された風見鶏といったところだね……

――……あらゆることを考えようとする天才はあらゆる作中人物の能力をそなえている、ということね。

あらゆる意味作用に先行する音楽家はまさにこのロトンド人間ね。すべての身振り以前の、無言劇の俳優、踊り手だし、一切の真理以前に、音楽家は嘘つきでいかさま師とみなされるわ。すべての証明を保証することが可能だから。あらゆる意見が形成される前には、音楽家は浮気者とみなされる。多くの意見が必要とされる限り、しかもすべての適切な角度からそれらの意見を支持することができるから。すべての人物像ができる前には、多面的で移り気なアルルカンとみなされるの。すべての道徳以前には、シニックとみなされ、あるいは万人の慣習を実践するけど、空腹のときには胃の痙攣を治すことに専念する。ありうるあらゆること、想像されたあらゆることに先んじて、彼は波動的で雑多であり、純白で透明なロトンドで風見鶏なの。

――ロトンドが円形なのは、あらゆる方向の中から人が向かおうとする方向を、ぐるりと輪を描いて、めまいを感じながらも選べるようにするためなんだ。

――ディドロは百科全書〔アンシクロ〔円形の、全分野の〕＝ペディー〔教育、矯正〕〕の擬人法のうちからもっとも元気なものをとって連れまわしたのかしら。

この物あるいはこの人間は恐怖をおこさせるわ。なぜならそれは疎外されているというか他者に取りつかれているからよ。狂人はラモーの甥、フレンホーフェル、道化師はオルラ、語り手、アルティスト。他者が満ちているものはヘルメス、両性具有者、寄生者、アルルカン……

――……そしてきみ、ピア。だれかれといわず治療するからね。

――……じゃあなた、パントープもだわ。世界中を飛び回るから……

――他者の総和はロトンドに等しいし、普遍に通じるね。

――個体化の原理〔ライプニッツ〕のない個人は、可能なもろもろの個人の総和であり、パレットとしての人間であり、あらゆる色彩――集められて白い幻影になる――の幽霊となるわ。固定されず、炎のように踊り、動き、あてもなくさまようので、わたしたちにはよく見えない。なぜならそれは単純な頭を嫌うし、いずれにせよまぶしがらせるから。

半透明で白くて、それはごく身近に、長い影のように、あるいは白熱した天使のように、だれか作るひとを伴っているわ。

もっとも素朴な意味で、あるいは学問的な意味で、ひとりの大天使《アルカンジュ》は発明家を守護するわね。わたしはアルカンジュといったけど、アルクは、以前という意味のほかに、カピタル〔資産〕、井戸、蓄えを意味するのよ。守護天使はつねにわたしたちと他者のあいだに位置し、わたしたちの能力を開花させるロトンドなのね。しかし大天使はわざわざこのストックをもってきて提供してくれるのよ。

このように意味の中に書かれているの。意味をもって、意味によって、意味の中に、意味のために書かれているの。わたしは意味に従ってというところだったけど、そういわなかったわ。やむをえないわよね。たとえときにはそれが意味を作ることがあるとしても。しかし分身は闇の中にいて意味に先行する。先行するということは意味に従わないということよ。

――ゆえに音楽家だね。ゆえにパントマイムの役者だし踊り手だ。ゆえにロトンドの風見鶏だ。ゆえに風変わりな男だ。ゆえに狂人。ゆえに寄生者。ゆえに大学者。ゆえに知的な付録。ゆえに白。ゆえに道徳にとって危険だが子供の教育には必要不可欠なんだ。

――これからいうのがラモーの甥その人の全身像よ、たったひとつの特徴も、爪一個、髪の毛一本欠けるところがないの。

いったい彼はなにものかしら。たしかに寄生者で、不安な道連れだけど、また雑音でもあり音楽でもあって、耳に息を吹き込み、聴覚を陶酔させます。支配することを止めないコンスタントな調性です。横柄な招待客、危険な動物、ひとの話を横取りする騒がしい男という三つの意味での寄生者、最後になんでも模倣するすべを心得ておりまた実行できる純白の踊り手でもあるわね。たとえば、金にまみれた娼婦、ぐるぐる変わる考え、チェスの駒をすすめる人、名女優と大根役者、金持ちとか徴税請負人、それから政府要人、閣僚まで演じわけるから、パントマイムや仮面、あらゆる様相の能力をそなえた擬人法というわけね。

なんでもできるというのが彼の名前よ。そこから危険の井戸が生じるの。彼はもの《オブジェ》かしら。トランプの未使用の一組、音符、身振り、パレット、あるいは家が火事で燃えているあいだの炎のダンス。火からすべてが可能になるわ。そこにエネルギーの源泉、太陽としてのロトンドがあるから。

彼は人間かしら。寄生者だし、仮面や分身がぞろぞろでてきたわ。なにも生み出さない片割れがいないと、わたしたちは生産できないなんて、けしからんとは思いませんか。

生産者は内容で勝負をし、つねに勝ちを占める寄生者は位置で勝負するのね。わたしが前置詞ということばを使ってそれを表しても言葉遊びをしているのではありません。そうではないの。

彼はひとつのことばかしら。ここでもまたさまざまの前置詞がでてくるのね。前置詞はインターヴァルの端と端とに関係を持たせるの。だからポン引きね。娼婦というあらゆる男のための女たちと、男の客、つまりあらゆる妻の夫たち、とのあいだをとりもつ役割。前置詞は言語に売春を斡旋するってわけ。哲学が思想のひもとなるように。

——クセノフォンのソクラテスのように——異邦人の声、主人の声、寄生者の声もかい——それは哲学を定義しているんだ。

ラモーの甥はまたディドロの思想のひも、パレ＝ロワイヤルの彼の娼婦たちをつくるのかい。

——彼は聖霊なのかしら。今度は、見えなくなり、危険になり、いたるところからやってきて、なんでもできるんだから。

——良い天使なのかい、それとも悪い天使かい？

——両方だわね、でもいずれにしても守護天使なのよ。

——われわれはみな生産者なのかい？

——多かれ少なかれそうよ。それは守護天使しだいだけど。単純に、というか、逆に、さっき述べた豊富な材料を全部展開し、それを見せようと望んだ天使のうちもっとも誠実なもののお蔭でそうなるの。そして精霊が神的なものまで昇り、分身が分かれて、微妙にずらされた鏡の中にさまざまの映像を、同じものと別のものを、無数に生産する。すべてを知るドンキホーテがそのことばの知識にまたがり、現実家のサンチョがさらに夢想にふけりながら、さまざまなものに鼻をつっこみ、格言風の言いまわしに頭をひねっている。セルヴァンテスは、彼の分身をどんどん製造することによって、他のあらゆる作品と同じものをもちいて、あらゆる作品とは反対の、人間の作品のうちでもっとも完璧なものを書いた。

——いったいどんな天使が護りかつまた他者を思いつかせるのかしら。憂い顔の騎士とか太鼓腹のでぶのロバ引きなんかを思いつかせるとはね。

——どちらのほうを思いつかせたのか、それとも両方ともか？　二人の関係について大天使的な愉快な演説をするつもりなのかい。

——当ててください、パントープ。

——万が一ぼくが発見したら、書きまくるんだがね。と彼はひかえめに答える。顔を赤らめて彼女は彼の手をとる。

前置されたもの

ジャックと娘が手をつないで入ってくる。

——フランス語のお勉強にきました。と彼女はいう。

文法などもう卒業したパントープは出て行く。

アンジェリックはピアのそばにきてすわってたずねる。

——わたしはあなたが好き、というとき〈わたしは je〉といい、あなたがわたしにおやつをくれるとき、〈わたしに me〉というし、ときには〈わたし moi〉ということもあります。わたしについてどうして三つの言い方があるんですか。

ピアは新しい役割に張り切っていう。

——それは代名詞というものよ。わたしがあなたに話すときには、あなたは自分のことを、〈あなたは tu〉とか〈あなたを te〉と、いわれるでしょう。またあなたのためにわたしが読むなら、〈あなた

toi〉ともいいますね。

——ことばは変わるけれどもわたしは変わらないわ。

——わたしの前に立ってごらんなさい。ぐるっと回って、さあ今度はお辞儀をして。アンジェリックはていねいにお辞儀をしていう。

——あなたはわたしを横からも、背中からも、正面からも見ました。わたしは動いたが変わることはありません。はい分かりました。あなたの前に頭をさげます。

——この本をごらんなさい。テーブルの上に開いて平らにおかれているでしょう。閉じて本棚に立てます、背をこちらに向けて。これは同じ本ですか。

——ええ、でも違うわ。ピア叔母さん。

——ローマへ行く前にあなたはベルリンを通ったわよね。ドイツでは *rose* という語を少し変化させて使うわ。バラについて話すときと、その花びら、それを持っている者、それをさしあげる女性とではちがうの……

——じゃわたしたちフランス語ではどういうの。

——rose という語の前に、かわいらしい小さな語を置くの。De, à, pour, par... 学校の先生から今どんなこと習っているの。

——不変化語 avec, vers のように男性女性の性別も複数もないものよ。

——そう、それが前置詞なの。前置詞そのものは変化しないけれど、周りのもの、語や、人やものを変形するの。

——計算のプラス、マイナス記号みたいなの。

——近いわね。あなたは、「ピアあげるお菓子アンジェリック」とはいわないでしょう。「彼女はそれを彼女の姪にあげる」というわよね。この小さな道具が柔らかくしているのよ、それがないと全部がぎくしゃくするでしょう。

——タルトの練粉を混ぜるときみたいに。

——そうね。いろいろな単語をかみくだき、形を整えることが意味を作るのよ。目を大きく開けてごらんなさい。ケーキがあるでしょ、クリームとフルーツものってますね。おばさんを見て。白のブラウスを着てますね。ケーキをあげる動作を見てね。そう。もう分かったでしょう。この小さなことばがものの形のあいだをとびまわって、わたしたちの手を伸ばさせ、このタルトをわたしの手からあなたの手に渡させるし、おじぎをしたり、受け取ってダンスをしたり、おひとついかがとすすめたりするのよ。

——そうすると、目に見える大きな単語と目に見えない単語とがあるのね。妖精や小人やいたずら小僧みたい。

——だれでも、大哲学者だって、大事なことばや大げさなことばにしか関心がないのね。動き回ったり捏ねたりするのが動詞、中身のつまったものが名詞よね。ところが子供だけは小さなことばのすばやいダンスやとんぼ返りをみて笑えるの。大人はまるでむかし電報で使っていたようなことばづかいをするわ。「ピアあげる菓子アンジェリック」というふうで、意味のダンスの足取りも、硬い骨格をむすぶやわらかいつなぎも、外してしまうの。

アンジェリックはなにも分からない、しかし夢みながらいう。

――大事なことばは、神様や、教皇や、聖者みたい。のろくて、もったいぶって、くさくて、英国女王の戴冠式の行列に加わって、カボチャのかたちの四輪馬車に乗っていくの。でもそのあいだに、小さなことばがとびかい、跳ねまわり、騒いで、シンデレラをお姫様に変えてしまうの。ねえ、ピア叔母さん、これってわたしの名前の天使じゃなくって。

――よく分かってくれたわね。アンジェリック、あなたがお話した通りよ。

――ピア叔母さんってロバみたい。

――おやおや、生意気ね。

――違うってば。聖書のロバよ。お母さんが話してくれたの。道の中に立っている大天使をみて立ち止まったの。でも盲目の主人はロバを棒でぶったの。

――小人や前置詞や天使が働く姿を見るには、すこしおばかさんのほうがいいかも知れないわね。

――さあ今度はその天使たちの名前や数や階級や種類を知りたくなったわ。

――お月さまを取ってくれというの。

――そしてまわりのお星さまもね。

――じゃ教えてあげましょう。この天使のうちもっとも大きいものの名前はDEです。いたるところで必要とされ、しょっちゅう出会うわ。この語はフランス語の用法のあらゆる現場で一番使われるの、それもダントツね。だからその点からいうとこれは貴族ね。フランス語を話すときは、夏の蜂が花の周りをとびまわるみたいにdeは口の周りを休みなくブンブン回っているのよ。

——なぜですか。

——de はなんでもいおうとしているの、だからたくさんのメッセージをもってくるのよ。さあ、それがどんなふうにいっているかよく聞いてごらんなさい。「パリの空港 l'aéroport de Paris では、クリスマスの休暇でローマへ行きそこから帰ってきたピアの姪は木のテーブルで食べています……」

——……お米の入ったケーキ（un gâteau de riz）を。

——わざわざそれを聞こうとしてもフランス人はもはや聞くことはないわよね。だってそれはあらゆる意味に息を吹き込んでいて、ほとんどなにもいわないから。黙って、白くて、透明で、目に見えなくて、ちょうどひとりの天使ね。

——先生がいっていたように、無変化で、少年でも少女でもない。

——あるいは、少女でも少年でもあるといえそうよ。それに長いローブを着せてみなさい。

——すそにプリーツをよせ、さらにスカートヨークの上に色物のスモックをつけてね。

——お上手ね。ほとんど同じくらいよく出てくる、透明な第二の前置詞は à よ。聞いて頂戴。家に帰るため、パリに十時についたアンジェリックは水玉模様のついたパンタロンをはいていた。彼女はわたしに耳打ちしてからボールで遊びぐっすりと眠った……

——イチゴのタルト（la tarte à la framboise）を忘れている。

——EN は à かほとんどそれに近いわ。星の軍勢よりも多く使われるこうした大天使の下に、かなりよく使われる手段があるの。SUR(on)、PAR(by)、DANS(in)、POUR(for)、SOUS(under)、ENTRE(between)、VERS(toward)……これらはまだかなり高いところを飛んでいるわ。そのあとをつぎの小物たちがぞろぞろついて行くの。AVANT(before)、DERRIÈRE(behind)、OUTRE(beyond)、CONTRE(against)、PARMI(among)、SELON(according to) これらは前置詞よりも副詞ふうだわ。最後に地上すれすれを飛ぶごく小さい天使ね。EXCEPTÉ(except)、HORMIS(excluding)、VU(given)、ATTENDU(since)……これらはフランス語の過去分詞よ……PENDANT(pending)、DURANT(during)、SUIVANT(following)、MOYENNANT(encompassing)……これらは現在分詞。一番あとに大好きな憲兵隊みたいなものを忘れるところだった。NONOBSTANT(notwithstanding)。

——もっとも美しいのは nono だわ。

——アンジェリックちゃん、この天使たちの名詞、数、性別、つまり男と女、しかし男でも女でもない、ということをあなたにいいましたよ。

——中性なの。

——というより白色ね。

——おばあちゃんがいっていた。おまえの舌は白い糸で縫われている〔一目瞭然〕って。

——梯子か一覧表の天辺で、一番ピカピカして純白なのは、すべてをいおうとして何もいうことのできない DE ね、それはあらゆる色彩を足した色だから白になります。動詞や名詞にたいする être もそうね。それにたいして梯子の下のものはひとつの色合いのニュアンスをかすかに示しているのね。

——虹みたいね、ピアおばさん。この前置詞をどのようにして数えたり、分類したり、順序づけたりできたの。

——大きなコンピュータにフランス語を全部打ち込んだのよ。

——ああ、だからそれぞれの天使の名前をあげたのね。でもなぜ前置詞という普通の名前をもつのかは答えてくれないわ。

——朝、郵便屋さんがドアをたたくのを聞いたことが何度もあるでしょう。あのひとをpréposé〔郵便集配人〕というの知ってる？

——市役所のとなりにある公園の係員とか、他には、税関で荷物を見張っている係員もお父さんはそう呼んでいるわ。

——英国女王の戴冠式に参加した、大司教、上院議員、行列の全員がのろのろとしてしゃちこばっていると、あなたはいったけど、あの人たちは落ち着いているposésとは思わない？

——ピア叔母さん、そういえばそうね。坐って、満足して、動かない、おなかの出たえらい人だわ。

——ところが飛んだり走ったりするものは、ほとんど目に見えないのに、しゃちこばったものを語尾変化に適用させる力があるし、また硬直したものを柔軟に折り曲げる力があるけど、ほとんど落ち着いてなんかいないわね。

——はとがぴょんぴょん歩いているよう、鳥のようだわ。

——名詞や動詞というものは、大臣に囲まれて玉座か肘掛椅子にどっかとおさまって支配する。それに対し、前置詞は身軽なので、手紙を配達する郵便屋のように街中を走り回り、税関吏のように門を見張り、セールスマンのように出歩く、だからprépossésというわけね。

彼らは大小さまざまの道を駆け巡り、道がもしなければ新たに造り、そして彼らのメッセージは坐ったままでいるおなかの出た人たちの形を変えるの。

——叔母さん、天使たちは神様の前置詞なの。
——そうよ、天使論ではそういえるわね。
——あーあ、一番いけない子になっちゃった、おっぱいの時間よ。
——アンジェリック、おまえはちっともおとなしくしていられないのね。
——わたしを préposée だと思っているの、とあくびをしながら彼女はいう。

アンジェリックがまた眠ってしまったので、ピアは兄のジャックのほうに向かう。彼はこっそり授業を聞いていたのだ。

——語尾変化とか曲用で言語を彫刻する関係や力は、単語の形をこねあげるだけではなく文章法も変えるわ。

さて天使たちは大文字のパロール〔神のことば〕の文彩 figure なので、メッセージを運ぶ者はパロールのさまざまの隠喩 métaphore ということになるの。天使が軍や軍団のように多数の場合は、パロールの連禱の繰り返しや喝采というわけ。パロールの婉曲語法とか誇張法においては天使の出現が示されるし、省略法、緩叙法においては天使は姿を消すわ。天使がリュートか竪琴を演奏するとき、パロールの呼びかけで古傷が揺り動かされる。前置詞の擬人法と神の修辞法の文彩が神の文体をなすのよ。

——天使はパロールに仕える集配人かい。

——変形への欲求が感じられるときには、天使はもうそこにいて、つねにしかもいたるところにいるの。空間を組織し、時間を構成し、あらゆる現存に先行するもの préposés はそこにある、あえていえばそこにある以前にあるのね。

——つまりわれわれの住む世界は、コミュニケーションの時空間、諸サーヴィスのメタフィジック
……これにすべては浸っていると思われるのだけど、それがメッセージ伝達システムなんだね。

——なによりも想像的で抽象的だったものが、この上なく現実的で具体的になったのね。

——おまえはやっと天使の慎み深さとメッセージの短さに気がついたね。前置詞と同様に天使はほとんどなにもいわないが、天使が訪れるあらゆる人々の運命を曲げてしまうんだ。

——たしかに天使は使者ではあるけど、なにより人間の生地をこねる者よ。

——前置詞は単語と脈絡を変えるし、前置されたものは人間を変貌させる。


そのときのジャックの目にはまたローマやプラハが浮かんでくる。

——祭壇画の外側と、内側、さらにそれをはみだして、祭壇の背後と前面、丸天井の上方から下方までいたるところ、天使たちが、神やわれわれの周囲を、近くまた遠くと、飛びかうんだ。天使はわれわれとともに飛び、われわれにそむいて飛び、われわれの意に反して飛ぶし、天使は意のまま、それが良いものであれ悪いものであれ、その意思に従って空間を縦横に駆け抜け天頂に向かう。天空からやってきて、天使はつねに万物と万人のあいだに、そしてたとえば、一なるもののあいだに、あるいはその中にあり、一なるものによって、一なるものとともに、一なるものの中にあり、そうありつつ多数と全体であり、時間の始まりから終わりまで、事件の以前に、事件と同時に、事件の後にあり、生きている現在に従い、システムの外であり、中であり、それを越える……天使たちは地域の空間と時間をたくみに

構築し記述し、ついにはコミュニケーションの世界に突入し、対話を支持し、あるいは孤独を次々に増やすために現れる。権力の梯子をさかさまにする……（父の）子がそこにいるかぎり。

——お兄さんは前置詞のおかげで天使を語るのね、アンジェリックが天使で前置詞を語ったように。

——どの年齢にもふさわしいことばがあるさ。

——慎みや眠りも年齢それぞれだわね。


小さな女の子の寝顔は、静謐なバジリカの中に凝結させられた騒がしい子供《プッティ》ら、あのキューピッドのような丸い頬と形のよい唇を表している。その魅力の輝きから静けさが訪れる。


立っている二人は、それぞれ心のうちに彼らの祖父が死ぬ前にいった子供たちへの愛情を表すことばをきく。

——種の進化がセックスを発明して以来、愛の行為にはつねに死がともなってきた。若々しい青年期には情熱に自殺や殺人がからむ、つまり死を受けるか与えるかする。老年がおのずとよく知るのは死という仲間がすぐ近くにいるということだ。それも結局老年が愛から濾過したものだ。愛はわたしが今まで感じたことがないくらい強く、純粋に、激しくわたしのなかにある。

セックスの圧倒的な不安から解放されている小さな子供たちの愛は、長い時間の流れの中にわれわれを運んでいく。洪水で根こそぎにされ漂流している一本の木の幹につかまったまま、と彼はいう。今わたしの耳に響いているのは流れの燃え立つようなきらめき、暗騒音だ、そのカオスがわたしを飲み込んでいく、わたしの命が失われるのにともなって、わたしの血統が続くかどうかは、もうわたしの知るところではなくなった。だがアンジェリックからわたしに渡される可能性の柔軟な花束は、ほとんど溶接されてしまったように動かないわたしの関節を、きしみながらも辛うじてうごく木の節とするんだ。

わたしは潮の流れに乗っている。命の中心の軸には激しく時間が流れる、そして時間の背骨を通って愛が湧き出す。ところが現代に接近するにつれて、愛は炎を上げて燃え上がり、情熱や病気に近くなる。いずれも恐ろしい死から生じるのだ。愛がもっとも離れているものを結びつけると、それは余計なものを脱ぎ捨てる。羨望、憎悪、嫉妬、あらゆる恥ずべきものが、息絶えて崩れ落ちるのだ。残るものは、透明で、純白で、白熱して、光輝き、優しく、焼けないほどの暑さ、軽々と飛ぶ、小さな子供の愛だ。それによって表されているのは、子供たちの天使は神と向かい合っているということだ。

わたしにアンジェリックは天使の位置を示している、いずれそれはわたしの位置となるだろう。

ピアは寝顔を見ながらはっきりいう。

——南の小さな子供たちを飢餓に、病気に、犯罪に追いやるのはだれなのでしょう。また豊かな、北の子供たちを、麻薬や、殺人のたえまない再現に、暴力的なセックスに追いやるのはだれなのでしょう。子供たちのこのような在り方がわたしたちの問いに答えるものだとしたら、わたしたちは彼らをそんなに憎んでいることになるのかしら。

この天使たちのためでないとしたら、なんのためにこんなにたくさんの学問があるのでしょうか。

昼

アンジェラスの鐘

アンジェリックとジャックは国内線に乗り換えてわが家に帰った。パントープとピアは空港のレストランで昼食をともにした。テレビの音がうるさくて話が聞こえない。

いささか古風なところのあるピアがいう。

——大天使が朝、昼、晩と通過するとき、アンジェラスの鐘が鳴ったのは、「お告げ」をくり返し告げるためね。わたしたちの希望の懐胎、受肉、生誕を告げたの。

わたしたちがこうしてたえまなく学ぶのは、わたしたちの肉の神聖さ、この世に生まれて再開された始まりということ、そしてこの明らかな奇跡が死から救ってくれるのだということね。

朝、昼、晩、鐘の音を支える食事とともにひとりの使者が「福音」を告げます。生きることの喜ばしい玄義を。

パントープは現代的だから黙ってはいない。

——信者たちが朝、昼、晩と昔から最近まで聞いていたより、われわれのほうがずっとよく「世界の知らせ」を逃さず聞いているぜ。なにせわれわれはもはやニュースなしでは食事をしないんだから。

彼はテレビを手で示す。


彼女は持論を変えない。

——知らせを告げていたのは天使よ。わたしたちはテレビのアナウンサーを天使とは呼ばないでしょう。けれどもアナウンサー annonceur という似たことばのかげには同じ作用が残っていて、すごく古い作用だけれど、さまざまのメッセージを伝達し、同じ瞬間に他所で起こっていることを伝えるのよ。

彼は実証的にいう。

——天使の繊細な身体はその思考と同じ速度で走ったが、天使の後継者は光速で飛ぶから、同時に到着する。勝負は引き分けだ。

彼女は不安になっていう。

——どこから、どこを通ってなの。

彼は意気揚々という。

——進歩さ。われわれは現代の天使の顔と身体を見ている、それに対し昔の天使は姿を現さなかった、あるいはめったに現さなかったじゃないか。

彼女は自分の見ているものをくり返す。

——不幸が、朝にも、昼にも、晩にも訪れてくるわ。大事故、火災、地震、火山爆発、疫病、飢饉、論戦、スキャンダル、不平不満、クーデタ、戦争、犯罪、不正、殺人、裁判、死体、死体、死体……休みなく雨のように同じ悪いニュースが降りそそぐわ、悲劇的なニュース。ただひとつ、死だけが無数の形をとって繰り返され、人間の時間が始まって以来反復しているわ。わたしたちはもっとも古い時代にまた戻ってしまったみたいね。

彼女は主張する。

——食事のとき、わたしたちの目や耳を、皿やグラスを、結局わたしたちの口を、一杯にするこの膨大な死者の数を、だれか数えたことがあるのかしら。

彼は学問的に示す。

——統計によれば、青年は十八歳になるまでに一万八千回殺戮を見たことになる。少なくとも一日三回、朝、昼、晩とね。

彼女はたずねる。

——このような殺戮の浸透ぶりはわたしたちの歴史を変えるでしょうね。

彼のほうも不安になって答える。

——食事どきのすさまじいニュースはどんな地獄を用意しているのだろうか。

細部にこだわる彼女はいう。

——世界の後進的地域が細かく区切られて、そこで戦火が勃発し血が流されているのよ。殺されるものしかテレビで見せないから、いわゆる統合された村だって、今後は小さい土地に細分化されてゆき、その評判が外部に広まるとしたら大量殺戮という形でしかないわ。この教訓を知ったら、だれだって実行しない人はいないわよね。テレビは増殖するこの螺旋の活発な中心に鎮座しているのよ。

彼は裁く側に立っていう。

——こういう犯罪はだれの利益になるのだ。なんのために、どんな理由で。

彼女は自信たっぷりにいう。

——権力と栄光のためよ。

彼はうんざり顔で。

——悪いしるしだ。だれだって自分の皿に吐きはしないぜ。

彼女は考え込んでいう。

——アナウンサーを取り替えていったいなにが起こったのかしら。天使を交代させたのに。わたしたちは堕天使しか残さなかったのかしら。わたしたちの注意や視線はひたすら死の栄光、殺戮者の位階にだけ向けられていたのではないかしら、地上の能天使、栄光の座天使、人間たちの主天使といった位階に。

彼は哀れっぽくいう。

——世界中のあらゆる古臭いガラクタをそんなふうに陰気に並べていると、そのうちに本当の良い知らせがやってくるのかい。

彼女は問いをこめて答える。

——良い知らせならたったひとつで十分でしょ。それはわたしたちを救ってくれるんじゃないかしら。

彼は安心していう。

——だがもはやここのチャンネルではそれを放送しないだろうな。われわれの食卓での視聴率が、死者を食べ、流された血を飲むようにしむけているんだから。

彼女はメニューをとり上げる。

——食人種に舞い戻って人間は人間をむさぼるの。それも死体置き場の肉屋に果てしなく並べられた無数の死体をね。

彼は目をそらす。


彼女は断固としていう。

——これからは朝、昼、晩、わたしのこころの中で、またわたしの周りに聞こえるように、肉体がいかに神聖であるか、生命がいかに奇跡的であるかを歌うことにするわ。

彼女はパンをすすめ、彼は両方のグラスにワインを注ぐ。

ふたりは異口同音にいう。

——さてなにを食べようかな。

午後

ケルビム

——あのひとたちがいなかったらぼくはなにを学んだろうか。新しい考えを出す者がいただろうか。

——だれのことをいっているの。

——きみのことさ。きみは姪に文法を教えたろう。それにアナウンサーのことでもある。彼らはニュースを告げるだろう。それからわれわれの生活を変える告知をする人々のことさ。

こういうふうに教える人々というかメッセージを伝える人々は、二つの生活をもっているね。向こうでの生活とこちらでの生活……シンタクスの生活と学生の生活……つまり飛べて歩ける動物が二つの世界をつなぐという感じかな。鳥のように飛びたい、という人間の昔からの夢は、重たいものから軽い揮発性のものへの移行をまねていた、具体的にいえば足から翼への移行をまねることだった。

——動物、機械、人間、水陸両棲……

——ただ離陸するだけさ。引込脚を上げよ。

——そんなに簡単ではないわよ。古代バビロニアの寺院の前ではかつて人間の顔をもった翼のある牡牛が見張っていたし、それを流浪のユダヤの民がイェルサレムに連れてきて契約の箱〔十戒を刻んだ二個の石、ユダヤ人にとってもっとも神聖なものをおさめる〕を守らせた。アッシリア語の *kéroub* はこの三つの性質をもつものを指していて、そこからケルビム〔智天使〕が生じるの。

——おやおやそれは天使にして動物かい。

——笑いなさいよ。でも聞いてちょうだい。二つか三つの種類にまたがっている怪物を知っていますか。

——もちろん知らないね。

——もし一人の使者が同じ空間のなかで場所を変えるためにあなたの手を引いて導いたら、あなたは進歩したと思いますか。

——いや。電車は駅から駅へと行くし、自動車は同じ高速道路ではガソリンスタンドから料金所へと行く。じつに面倒くさいものだよ。

——そのとき軒蛇腹の端からとびだした鳥たちが雲を追いまた空中の乱気流に立ち向かう。鳥たちは要素を変えるのね。

——ああそういえば一羽の鳥を見たことがあるよ、ピア。山岳ガイドが肩からザイルをまわしてぼくを結んでそしてぼくに別の世界を開いてくれた。氷と岩は耕作された地面とか花畑とかとはいささかちがうんだ。垂直の絶壁は森の小道とはまったく別なふうに立っているんだ。そこでは身体が変わってしまう。もはやパンもお茶も同じ味ではない。登山のパーティが謙虚にしかも恍惚として、苦しみながらも満ち足りて、そろりそろり忍び込んでいく空間、そして頂上で突然解放されて眺める空間は、耕作された畑よりも惑星としての地球に似ている。なにもかも変わる。視覚、触覚、呼吸、汗、静寂、大気と空の接近、生とそれに隣りあわせた死、他者の微笑、精神の飛翔。

ぼくの足に翼をつけてくれた鳥がすきだ。だがピア、ぼくは自分では翼あるもの《ヴォラティル》にならなかった。鳥とはほど遠いよ。でも、鳥のお蔭で、泥棒《ヴォルール》みたいにするりとあの大きな別天地に入って行けたんだ。

――だからそのような特別な感謝の気持ちを並外れたすばらしい教育者に、わたしたちの世界を一変させる教育者に対して感じるのよね。

――ピア、天使は二重の生活を送るんだろうか。

――多数の生よ。あなたって皮肉な方ね。だって天使はこの世と天国に、ヒゲワシかチョウゲンボウのように住むのだし、そのほかに肉体と精神にも、透明な抽象にも目に見える具象にも住むわよ……

――……幾何学の図形みたいかな……

――……暗黙の了解がありしかも感覚でもとらえられ……分かっていながらしかも信じられない……

――……いい音楽のような……

――……目に見えてそして目に見えないの……

――……絵画とか数学のように……ぼくが幾何学を教わった先生を思い出すね、ピア。なんて危険な跳躍だったのだろう、級友たちと一緒だ。あの授業以後もうなにもかもが以前とは面目を一新した。家も、テーブルも、天井が二つの壁に交わる角度も、道路に立つ吹流しも、真っ直ぐに並んだ並木の上部に湾曲した葉むらがつくるゴシック様式の線も、空に打った釘のような星座も、かつて軟弱だったぼくの頭も、他者との対話も……その日、白い北極光《オーロラ》が下降してきたのだ。その透明さはそれ以後わが身を離れることはなかったし、わが目を乱すこともなかった。

——わたしの音楽の最初の先生は、目が見えなかったが、わたしの指をもってピアノの上に置いて下さった。ピアノのキーがわたしに対して音の白い洞窟と黒い洞窟を開いてくれた。半音階がその色彩を繰り広げるのは目のない視覚に対してだけなの。わたしは別の動物になった。長い耳たぶをもった片目のもぐらね。耳たぶからハープみたいに巻き毛の花束がぶら下がっていた。

——山に登って鳥のうしろを追いかけているぼくはとんまな亀だな。

——わたしたちは怪物なのだから種を取り替えましょう。いろいろな動物になれないひとなんてつまんないわよ。

——すると天使がわれわれを動物にするのかい。

——いくつも特技をあたえているじゃありませんか。水陸両棲の教師たちがいなかったら、この世の外の無数の世界にどうして到達できるの。彼らの才能が関係のないものを結びつけるのよ。

ケルビムという鳥＝牡牛をまねることによって、賢明なくらしは、身分の低い人々にも王侯にもしばしばみられるのだし、貧しい者、富裕な者、愚か者、頭がいいと思っている人々のくらしにも、それはよく見られるのよ。その結果、賢明な生き方をすれば、貧者の財産も、無知なる者の教養も、単純素朴なものの信じがたい王権も、勝者の受動的な服従も、愉快に評価できるのね……そしてさまざまな階級の梯子を笑い飛ばすの。

——ピア、鳥の翼と牡牛のもりあがった背中とのあいだに、いったいなにが起こるんだい、ぼくには分からんな。

――まさに「のあいだ」が網の目を結ぶ天使たちが通る空間なの。イメージと音のチャンネルと高速道路のあいだ、情報処理の回路と牡山羊の通る小道のあいだ、羊飼いと金持ちの占星術師のあいだ……死者のための香料と赤ん坊の匂いのための没薬《ミルラ》〔アラビア産カンラン科植物の樹脂〕とのあいだ、でもあるのね。

二重の性質をもつ存在である教育者、ガイド、つまりケルビムはさまざまな世界の違いを見せてくれて、しかもそうすることによって新しいユニヴァースの統一性を縫い上げるの。彼らと一緒にばらばらなものを纏《まと》め上げましょう、科学は貧困と……

――……理論的なものと具体的現実、ハードとソフト……すると現代の最先端技術はガイドたる天使の役割を繰り返している、ということかな。

――大天使ラファエルの背後をたどるトビア〔チグリス川で魚をとり、胆汁で父の失明をなおす〕にだんだん似てくるわね。

――だが天使はどこへわれわれを導くのだろうか。

――無数のインターチェンジを通ってね。

――高速道路みたいにかい。

――あれってメッセージ伝達の要約みたいだし、あれがなければ伝達ができないわ。

――鳥か蛙か、飛行機と潜水艦、アナウンサーと先生は、インターチェンジのように、地上の生活と水中の生活、あるいは空中の生活のあいだに、ここあそこのあいだに、既知と未知のあいだにその身体を置くんだろうか。

――鳥の翼と牡牛のもりあがった背中のあいだにあるのは、インターチェンジとしてのケルビム、これがあなたの問いに対する答えです。天使たちはメッセージと旅行者を運ぶわね、たしかに。でもケルビムは水陸両棲なので、自分のなかでふたつの世界を接続しているのね。

――正解だ。山のガイドはぼくの世界も彼が連れて行く世界も両方知っている。両方の動作をすることができるし、両方の身体を持っているんだ、つまり平地での重たい身体と山での軽い身体さ。彼は足を引っ込めるとすぐ翼を広げるんだ、ほんとだよ。

――けっきょく使者というより天使に近いんじゃないかしら。インターチェンジである身体は実際に通過の可能性を保証し、メッセージ伝達の柔軟性を保証するのよね。

――海外旅行には、後ろが丸くて牝、前が角張って牡、という両性具有の多元差込みが不可欠だ。フランスだってアメリカだってこの変換器がなければひげを剃れないんだから。とパントープが笑いながらいう。

今日、この両棲類的なキーがなければ、なんであろうと機能しない。そのキーというのは、さっきの教育者とか鳥……今ならさしずめ問屋と仕分け人、半導体、反転器、変圧器、転換器、整流器、トランジスター、シリコン、マイクロプロセッサー……無数の機能を接続し、伝達し、転換する器官とか機械、あるいはそれらがたがいに入り組んだ機械だね。

このようなインターチェンジの先端技術によってのみネットワークが相互に結ばれているんだ。これがなかったら、高速道路の長距離の循環も、電話による世界中の会話も、コンピュータ間の接続も、一般的にいってネットワークのネットワークができなくなるんだ。

脳の中に組織を移植することさえ科学では議論されている。ひとつの考えを他の人々の考えと接続させるためにね。人々の考えだって同じように移植されるのだが。

――さきほどは天使の性別を議論して、あの古い問題にもうひとつ解答をだしたけど、性というのは残念ながら区別、切断の名前よね。ところがインターチェンジは結合するのね。あえていうなら、ケルビムは常時性交状態で、礼儀正しい天使的な歓喜の状態で生きているんだわ。

このような陶酔の奇跡的状態でわたしたちは永遠に生きるのかしら。

――別の例をだそう。われわれに身近なもの。辞書だって言語間のインターチェンジの働きをしている……文法や翻訳者とともにね。

人間の血統の中でこれを考えることができるだろうか。そうだ。子供を選ぶことで養子はなんの縁もない氏族のあいだを結びつける。エディプスは王の血統に羊飼いの一族を接続させた……

――複雑だわね、この絡み合いは……

――彼の健康を歓迎したまえ。神の息子でかつ人間の息子でもあるイエスは、その二重の性質によって人類を三位一体に絡み合わせた。われわれの種は普遍的になったので、それからは血の繋がりによってわたしの親とか傍系の人というだけではなく、ぼくはだれでもぼくの好きなように、ぼくの姉妹とかぼくの父親と呼ぶことができるんだ。養子縁組の法制と宗教は、地球上の人類がかつて知ったことのないもっとも驚くべき革命をもたらしたのだ。

多少の障害はあってもひとはいつでも容易に、妻とか情婦、あるいは夫とか恋人を選ぶことができる。

これが結婚あるいは性的にそれに類することだ。しかし生殖による再生産という決定論の部分で、自分の母や兄弟を選ぶような無鉄砲なことをするものがいただろうか。養子はこの奇跡を成し遂げた。ローマ法の規定に受肉の奥義を加味することで。

人類の統一性を証明するためには多くの学問と多くの時間を必要とした。それに対し、人類を接続させるには多少の信仰心があれば足りるんだ。

——インターチェンジは二つの世界のあいだの通行の鍵をあたえるし、そしてわれわれは今やその鍵をもつし、あるいはキーボードを手に入れた。無機物に対して半導体の材料を、多数の先端技術においては交換器かマイクロプロセッサー。生きものにおいては性交か、両性具有か、水陸共棲。言語には辞書か翻訳者。政治には外交官。学問には、境界領域か干渉衝突。法や宗教には養子縁組……

——……ようするにケルビムね。彼はその中にさまざまの媒介物を統合しているのね。

——窓口でお金と引き換えに搭乗券を渡す、これは通過の空間だ。同じようにぼくが着くとすぐきみはホテルの鍵をぼくに渡した、ホテルは経過の場所だ……それから車の鍵も渡してくれた、車はまた別のエアコックだ……

このようにいくつかの接続で一般的なメッセージ伝達システムを構築できるね。もはや駅から駅というだけではない。それは使者たる天使が単独でしていたことだ。ネットワーク間の接続だ。

——分類では上部の次元ね。翼と脚をもった飛行機のケルビムは個人だけを召喚するのではなく、無数の群衆、すでに内部で結ばれている大人口と、種と、絡み合っている家族とを召喚するの。

——ケルビムを見るには目を開ければいい。空港の雑踏を見たまえ。空港もまたインターチェンジだし、他の世界への万能鍵だね。空港は群衆を処理するし、群衆は空港を活動させる。インターチェンジというものはどれもこれも空間や、梯子や、秩序（それらのあいだでは異質なものだが）の変換を可能にするし、そして地域的な相違を保持したまま大世界の単一性を構築することも可能にする。

——結局それは正義の達成まで助けるわよ。交換器をいくつかのネットワークにばら撒けば、あらゆる場所に流量を等しく配分できる。各自その分け前を持ち、そして全員がそれを全体に提供する。全員の立場とその良好な機能によって、公正さに向かう全地球的な均衡が決められるのね。

——それではわれわれの世界的な新興都市が、垂直の大々的な不均衡を生み出すし、また均衡と正義を可能にするはずの交換器がやたらに増えてしまい、メッセージ伝達システムによってもひどい不公正を生み出しているとき、どんな手を打ったらよいのだろう。

——天使の失墜を議論しないといけないようね。

——天使論 angéologie なんて、とてもいやなことばで、アンジェリックちゃんなら放り出しそうだけど、それは世界が分娩中だという哲学を提唱しているのかい。

——そういうわけでへんてこな体をもった怪物がどこでもいるのね。

——飛行機に乗っていく休暇万歳。ガイドと先生、ぼくの父親たち母親たち、行ってらっしゃい。怪獣《キマイラ》万歳。

パントープは大きく笑いながらいう。

——飛行機《アヴィオン》〔avion ラテン語のアヴィス（鳥）から作られた〕という名前は最初に人々が翼を羽ばたくようにと思って造った機械の名前なんだ。当てが狂って、いまではその機体はむしろ大きな魚の体を真似ているし、その補助翼は魚のひれみたいだしね。

慣用には反するが、ピッシオン〔pisci さかな〕とでもいったらどうだろう。

天使とけだもの

パントープがもったいぶっていう。

——キマイラ〔もともとは、ライオンの頭、ヤギの胴、ヘビの尾を持ち、口から火を吐く怪獣〕というのは体の二つの部分がX状に交差している動物のことなんだ。

ピアもまけじと学をひけらかす。

——ケルビムのことをいいたいの。天使を作ろうとして動物を作ったと。

パントープは調子を変えてめえめえ鳴く。

——天使が四足になってひひんと鳴いたり、きゃんきゃん鳴いたりするこの交換の話は終わりにしようよ。

ピアは高飛車に要求する。

——それにはせめて、こういうふうなことがなにを意味するか知らなくてはね。

彼は子供のころをかえりみていう。

——けだものはすごく美しくなったということさ、たとえばね。

ピアはおもいきって政治に話をもっていく。

——その反対よ。権力が高い位置から裁きの場に移ったということよ。

——とどのつまりは天使の失墜じゃないか。

——そして天使の償いね。神秘主義者たちは放蕩に身を持ち崩したし、その反面ドン・ジュアンは修道僧になったといわれているわ。

パントープは嘲笑する。

——堕落と改宗が二つのおっぱいだというのはだれのことさ。


ピアは態勢を立て直していう。

——むしろそれは反転の動きね。つまり奇妙な決算による逆転ね。まったくの底辺から成り上がっていき栄耀栄華をきわめると、今度はそれを越えてしまい、向こう側の恥辱のほうにいってしまうのよ。そういう連中は、支点を越えてしまうとバランスが狂ってしまう天秤の竿の上で綱渡りをしていたのかしら。上昇して頂上を過ぎればみごとに転落するの。上昇させていた力が今度は引き落とすほうにかかるのね。

——正義のイメージがぐらついているということは、われわれが不正の領域に入ったということかな。

——そうとは限らないけど。しかしその仕組みについて述べておかなくてはね。

彼はあいかわらず物理にこだわる。

――氷山は突然ひっくり返ることがある。しかしながら氷山は休みなく溶けている。海と空気が秤の二つの皿となっているんだ。

彼女はむしろ社会的集団のことを考えている。

――ローマ人のいっていたことだけど、古代の皇帝が人民を統治した最高の場所カピトールと、有罪とみなされた者が投げ落とされた場所タルペイアンの岩とのあいだの距離は短いのよ。同じ人間でも栄光に包まれているときのほうがきびしい責め苦を早く受けやすい。また長いあいだ犠牲にされていた者が王にふさわしく優位に立つこともあるようにね。権力と侮辱とのあいだの道は短く、その中間に天秤の竿がひっくり返ってすべてが転倒する一点があるの。ひとは竿の片方の上では支配するが、反対側の上では滅びるのよ。ともかく同じ秤がそこにあるのね。

――きみは天使ではなく人間のことをいっているのだね。

――わたしたちの同類のことよ。そんな状態にとどまりたくないでしょう。

――確かに人間のことだ、しかし物の場合にもあるね。生命を救う良薬だって、大幅に中身を変えなくとも、麻薬になったり命とりの毒薬になったりするぜ。雑音が耳を麻痺させ眠りこませるかと思えば、逆に目を覚まさせることもある。命にかかわるような、危険な、有害な寄生虫だって、時には有益な進化をつかさどることもある。安楽はむさぼりそして苦味は魅了する、ということさ。

彼女は薬局方から医学へと話題を変える。

――飽食で失われた健康なんて物不足になれば回復するし、その反対に貧困によって失われた健康にしても食べものが十分あればもとに戻るわ、ありすぎてまた健康をそこねるまで。

そこからこんな不公平をひけらかすことが起こったのね。食うために精根尽き果たす貧乏人の傍らで、金持ちは飽食の腹をすかせるために遊んで飛び跳ねる。浮浪者のようなぼろを好んでまとう億万長者もいるが、金持ちのなかにはいわゆる〈左翼キャビア〉を生みだしたものもいる。彼らが国民を支配し、無視し、軽蔑し、寄生し、裏切るのよ。

——勇気をもって続けよう。氷山はぷかぷか水に浮いているし、風にも当たるが、大気と海洋の境面で条件が急変すると全体がぐるぐる回りだす。

——子供のころから知っているわ。独楽《こま》が早く回れば回るほど、独楽の軸はしっかりとして動かなくなるの。

——大胆に一般化するね。この可逆的な反応の果てしないリストは、われわれの問題が同じ種類のものだといっているんだよね。

——反転という同じコンスタントな法則に従うの。天使やケルビムたちの身体や、あらゆる媒介業の体の中には、可逆的なメトロノームみたいな、感度のすぐれた秤が作動しているようね。

——それはシステムを不安定にするどころか安定させるんだ。地面に置かれた砂袋のように、ある量の均質で重たいものの組成が本来の単一性をこえる場合は、すべて小嚢《ポケット》を含んでおり、そこでは法則は逆転し、単一性を解体するどころか強化するように働くんだ。

ノンはウイとは対立しないで、それと手を組んで、もっと上等なシステムを構成するんだよ。

例はたくさんある。古代ギリシャでは数学を抹殺するどころか、奇数と偶数の矛盾を発見することにより、無理数の無限の海を発見したんだ。このメトロノームを自己のうちにもつことから偉大な幾何学が発生した。つまり船の安定を保証するのは縦揺れと横揺れの幅なのだが、それが右舷と左舷のあいだを行ったり来たりしているうちはむしろ安全なのだ。

——それはまた社会にも見られるわ。ルイ十四世は絶対的な王としての権力を神から受け、この神聖な権利によって王国の家臣を思うままにあやつったし、あの司教たちまでもよ。ボッシュエ〔一六二七—一七〇四、雄弁な聖職者〕がそのなかでとくに目立つけど。しかしボッシュエがのべた追悼の辞が壮大で厳格な教訓で鳴り響いていたのは、同じ神の名のもとに、当代の王にその教訓を適用して自慢することができたからだわ。王はこの雷の掟の前に頭をたれ、説教のあとにはみずからの至らなさを告白したからよ。しかも王の法が絶対的で普遍的になるのは、その対極にある局部的な地獄を通過したあと、つまり祭壇の司祭の前にルイ王がひれ伏したあとからなのよ。

——自分の前に邪魔物など金輪際見たことがなかった者にとっては面白半分のうわべだけの同意だな。たったひとつの本当の承諾《ウィ》というものは、どこかでそれをかき立てるひとつの否《ノン》を要求するのではないだろうか、七番目の和音の不協和がその解決をさらに甘美なものにするように。

——物理の世界も人間の世界も、そこいらにつみ重ねた石ころよりも多くの独楽《こま》を見せてくれるわね。なんだか大きな秤が計って、いたるところに小さな例をばら撒いているみたい。

——承諾《ウィ》、ということが悲劇をはらんでいるのね。天使によってなされたお告げにマリアが献身することが、やがて犠牲に身をさらすことになる。もしヨセフが彼女を姦通で訴えたら、マリアには石殺しの刑が科されるんだわ……

——だけど生命が生まれる前にこのような死の危険があるなどとは、ぼくは思わなかったけど。

——天使が動物になるのを見たい？　闘牛の息詰まる最終場面が長く続き、闘牛士と牛がつばぜり合いをしているとき、完璧な芸術が要求するのは光の衣装をまとった英雄つまり天使と、死神の軍隊の黒い毛並み、つまり動物との融合一体化なの。そこには角とひづめと金の肩をもったただひとつの生き物がいるだけ。こうして古代のケルビムが生まれるの。

預言者エゼキエルの幻想、古代の物神の彫像、半‐人、半‐牛が、厳粛なこの近接した関係を再現しているわ。人々が感嘆と不安の叫びをあげて、人間の犠牲のかわりに動物の犠牲が捧げられたときの太古の記憶を祝うの。闘技場の真ん中でだれが死ぬのか、と叫んでいる。天使だろうか、動物だろうか。こうしてわたしたちの神々が誕生する。実際に動物を殺すことができるものが神になるの。もちろん動物も彼を殺すことができるという条件のもとで。ここでも天秤は働いているでしょう。

べつの記憶になるけど、小さな女の子むけの本の挿絵がまだ目に浮かぶわ。半神のヘラクレスがネメアのライオンのふさふさした毛皮を着ているの。今殺したばかりのね。ヘラクレスはその中に身を隠すのかそれともこの野獣にほんとうになってしまうのか。ヘラクレスと戦うものはだれでも欺かれてしまう。人間なのかけだものなのかと。それ以前にヘラクレスが勝って捕まえたとき、この毛皮が隠していたのはだれだったのかしら……けだものなのか、人間なのか。

ヘラクレスがヒドラ〔水蛇の怪物〕、いのしし、猛牛と対決しているあいだ、勝負の決着はどちらともつかず、汚らわしいけだものが勝つのかそれとも人間が勝つのか、だれにも分からない。どちらが殺し、どちらが血祭りにあげられるのか。動物なのかそれとも大地の表面を悪から浄化するために派遣された天使なのか。ヘラクレスが怪物の黄色の毛皮を身にまとっているという事実は、まさしく勝負の決着がつかないことを示しているわ……ムレータ〔棒につけた赤い布〕でかわすか、じっとかまえて仕上げの決定を下すか、そのとき角は腿の弱点を、剣は肩の弱点をそれぞれめがけて同時に突進する……依然としてぐらぐらとゆれる天秤の法則が働いているのね。

……そこから胸をしめつける感動がおこるわ。戦争の最中でもそうだった。しかもその感動こそ都市対抗、国家対抗の集団スポーツの試合に多くの人々を集めるのね。赤と青のユニフォーム姿のキマイラとなったすごい混戦にはやがて衰退する気配など少しもないわ。

Suspens〔未決定状態〕……この古いことばがフランス語では ballancer〔揺り動かす、釣り合いをとる、秤にかける〕という意味だったのよ。

——またもかい。

——こんなふうにメーキャップしたヘラクレスは、みずからが英雄か半神、天使でけだもの、乱暴な供犠者であり、かつまた通行途上で世に害をあたえていた十一匹の竜を退治した者なのに、突如としてこの怪物のひとつとなってしまうの。半人半獣のネッソスというケンタウロスから贈られた有害な下着を着てしまい、オイテ山の頂上で燔祭《はんさい》の薪の火と衣の内側の毒に焼かれたときね……

——半神なのはヘラクレスが神の性質とともに人間の性質をもっていたからかな。

——それとも天使と動物の性質かもしれないわよ。

——供犠者で生贄、そのあいだにいかなる区別もない。いずれも死ぬんだ。

ピアはスカートのすそをのばし、それからたずねる。

——それにしてもわたしたちだって昔はけだものの毛皮を着ていたんでしょう。もっぱら人間は人間にとってライオンであり狼であることを信じさせるために……このようにして動物の装いをさせていたほうがより確実に殺せたのかしら。

——もしきみが飼い犬を殺したければ、狂犬病だといえばいいし、きみの隣人を絞め殺したければ、そいつが犬だったといえばよい。そいつの肩に犬の皮をかぶせればいいんだ。

——これこそまさに人間の衣服の起原ね。殺人のための疑似餌なのよね……

そしてピアは髪の毛をなでつけながらいう。

——……それとも神々しい魅力の化粧品かもしれないわね。大好きよ、あなたはわたしの天使だもの。ところで天使はその翼を見せるし、半透明の身体に透明な衣装も着ているよね。

——スピノザが人間は人間にとってひとりの神であると書いたとき、われわれの愛情や感嘆の念が成り立つためには、奇妙な信仰が条件になると説明している。すなわち愛される女性は、もはや人間の種には属さず神の家族に属するからだというのだ。こういうわけで、偽の神々が婚姻関係とか憎悪から、祈禱と殺戮から生ずるんだ。だから、ホッブスが人間は人間にとって一匹の狼だと書いたとき、彼は不浄な動物種に分類された同類に、われわれが跳びかかることも同じようにわれわれに許可しているのさ。

——スピノザとホッブスは結局同じことをいっているのね。

――しかしパスカルはこの矛盾対立するふたつの文章をひとつにまとめて書いている。彼は裏返すと偏差の角度は同一だということを示したのだ。不足すればけだものとなり、過剰であれば天使となるのだが、この不足分と過剰分はゆれている天秤にかければ等しいことになるんだ。

――揺れているわたしたちにはけっして選択の余地はないのね。びっくりして目をむくか意地悪な目で見るか絶えずためらっていて、あるときは同類を天使にし、あるときはけだものにしてしまう、称賛か軽蔑によってね。

聖なるものは次のようにして発生するのね。生贄を捧げるということは、憎しみか暴力によって殺す、死をあたえる、ということを意味するし、あるいはまた聖なるものにするということは、神聖化する、名誉をあたえる、崇拝することを意味するのね。だから殺戮することは神格化することになるのよ。以上が恒久的逆転の法則の結果で、これが神々製造の機械です。

――金メダル、大統領、ノーベル賞、一方からは明らかだが……目に見えないもののとるに足らない集団だ。しかもふだんわれわれは他の連中と同じ金属をみずから作っているんだ。

――いつになったら、わたしたちはただの人間でしかない、ということを直接認めるようになるのかしら。もしあなたが人間でしかないとしたら、もはやあなたを死に追いやることはないという大きな利益があるわね、きっと……でもこの神々製造機が停止したら、わたしはあなたを愛することができるかしら。

――そのときだれがぼくを助けてくれるのだろうか。

──今朝、翻訳家、媒介者、アナウンサーを話題にしたとき、出現と消失のあいだで揺れていたものを覚えているでしょう。守護天使について分身のことも議論したわよね。

逆転の法則の包括的な表明を発見したでしょう。その法則が宗教的なものの根底で働いているのね。

──だがそれはまた自然や社会の中でも作用しているのを見たぜ。

──なぜいけないの。普遍的な法則が怖いの？　わたしたちは天使を論じながら、実際は人間と事物の驚異について議論することになるのはなぜか、ということが分かったじゃない。

ある種の図式がわたしたちにはついてまわるのよ。

福音が生贄の時代を閉じそして神々製造機を閉鎖した。ジャックがいっていたように、ヘルメスは死ぬ。

その場合も、神のそしてことばによる肉は、肉であることをやめない。肉は輝き、平静で、精神の夜を照らし、主体であり同時に対象でもある。天秤が安定し、停止した天秤が平らな水平を保ち、正義が保たれている。

神々と人間を区別する差異はなにもない。大天使と動物、世俗の愛と聖なる愛、身体とたましい、美女と野獣、祈りとセックス、性交と高度な霊性を区別する差異はまったくない。人間たちはついに人間にとっての人間になった……肉を神のものとし愛を受肉させたメシアの誕生において、天使の王国は終わりを告げた。内在性がその不動の秤のなかにすべてを包括する。

天使もなければけだものもない、ただ単に肉があるだけである。

彼女は引用を朗読する。

——玉座の前は、水晶に似たガラスの海のようであった。

この玉座の中央とその周りには、四つの生き物がいたが、前にも後ろにも一面に目があった。

第一の生き物はライオンのようであり、

第二の生き物は若い雄牛のようで、

第三の生き物は人間のような顔を持ち、

第四の生き物は空を飛ぶ鷲のようであった。

この四つの生き物には、それぞれ六つの翼があり、その周りにも内側にも一面に目があった。〔『ヨハネの黙示録』、「天上の礼拝」〕

パントープは黙って目を開いた。

——黙示録のこの存在をごらん……生き物だ、雄牛、ライオン、鷲。天使もいるね。表面に目のついた六つの翼をもっているからね。伝統的なセラフィムのように。最後に人間だ。生き物のひとつが人間の顔をもっているからね。それらがすべての性質を集めている。

リヨンの聖イレネ〔小アジア生まれ、三世紀初めリヨンでおそらく殉教した。グノーシス主義に反対し『異端駁論』を書く〕は天才的にこれらの姿の下から四人の使徒を出現させた。それ以後、図像学は使徒をこのように表現するようになった。存在を総合するために彼はことばを加えた。生き物、人間、天使の肉がすでにあり、肉は神の言語なのだ。

ふたりはお互いに見つめあった。まるで初めて裸のお互いを見るかのように、目に見えない衣服を通してまばゆい光に包まれている相手を。

偽の神々

——今度はぼくの前で神々の不正な製造機を大々的に動かしてくれたまえ、ピア。

——パントープ、恥ずかしくないなら、せめて待っているこの二つの行列を自分の目でごらんなさいよ。右手のが、ベルリンとかボストンとかロンドンからの観光客で、あこがれの島々へ出発するまぎわの行列よ、もう一つ、左手のアフリカとかアジアからの職探しの移民が混じっている行列と比べてください。

——貧乏人と金持ち……

——いいえ、ブルジョアとプロレタリアはこのところとても似てきたわ、昔だって農奴と貴族はそうだったし、古代社会においても奴隷と自由民とは似ていたのよ。

——本当にそう思っているのかい。

——この二つの行列を分断している不平等ほど恥ずかしい不平等に行き当たるには、どこまで時代を遡るべきかしら。比較にならないのよ。最高の仕立屋で買った衣類と、ぼろの古着だけでなく、体重、身長、健康といった点でも、肌を焼いた顔と、見るからに労苦でやつれた顔とを比べてごらんなさい。年齢や生活の希望、文化や学問、生活への信頼度、目の光にいたるまで、孤独、独身生活、部族の中の生活にいたるまでなんというちがい……

――階級の相違、ブルジョアとプロレタリアじゃないか。

――そうじゃないといったでしょう。わたしたちの歴史のもっとも強力な恒常性は、わたしたちを猿とか他の社会的動物に接近させるけど、この恒常性によって階級性は、時代ごとにまた文化ごとに多少のちがいはあっても、偽善的な形をとりつつ不変であって、貴族階級が政府の唯一の形態であることに変わりはないの……

――政治的な相違があるよ、農奴と貴族、奴隷と普通の人間とでは。

――いいえ……しかし本質的には地獄と極楽なのよ。

――またもダンテ流の階梯かい。

――確かな筋から出た統計によれば、豊かな旧都市は解体され、腐敗し、汚く、病み、ぼろを引きずり、骨と皮になり、腹をすかせ、貧血で、低年齢の死体同然のものがごろごろしているのに、新興都市の上昇運動を支えるため、今もなお膨大な資金や労働力、第一次原料や新鮮な肉体を、富裕な飽食の科学的な地域に規則的に供給しているの。その金持ち地域は空虚で不毛で、黴菌も子供もおらず、倫理的で技術が進み、快適さに包まれており、暖房、安い食料、薬品、医療、原爆、道徳、民主主義によって保護されており、関心事といえば会議とばら色のメッセージ伝達と麻薬のことなの。

そのかわり新興都市は軍隊や企業や財政や学問の面では、煩瑣きわまりない手続によって猛烈な競争がおこなわれており、あす高度三万フィートの飛行機内で昼食をとるのはどの人間、どのグループかを決め、また眠るために睡眠薬をのみ、あるいは子供をもたないためにピルを用いる人々を決め、寝たきり老人のベッドで看護されて養老院で終わる人々を決める。そしていかなる国家、あるいは個人が——おそらくやがてわたしかわたしたちが——必要上死刑にされた膨大な集団の中に真正面から落ちていくかを決めるの。つまりその人々こそ企業や財政や技術や学問から有罪の烙印を押された地獄すなわち旧都市の住人なの。その末期の苦しみが孤独で禁欲的なひとつの極楽へのごく稀な動きを助長することもあるわね。ところがその極楽たるや異常な肥満者がダイエット療法で中毒になったり、また重要な討論会でながながとおしゃべりをするところなの。

じっさい、これほどすさまじい差別がどんどん分岐して多様化するのをどう表現したらいいのかしら。

——歴史と社会階級によるか、政治によるか、経済によるか、階級制によるか……

——だめよ、宗教によってです。

——それはいけない。

——進化した新興都市は、無償のものなどなにひとつない、あと送りしてもその進歩の支払いはするのだ、ということを知らないように思われるわ。ところで、退歩の価値もまたそれなりに評価して、その総体的な決算を判定するために、一神教は道徳的な視点を提唱し、そしてふしぎな結果をだしているわ。いずれも明快で圧倒的よ。

それに対し新興都市は多神教的体制の下にあるわ。

――ピア、きみが正しいというためには、神々の世界と人間の土地という二つの世界をちゃんと見せなくちゃいけないよ。

――あなたの目の前に見えているんじゃない。恥ずかしさが先にたって見えなくなっているのかな。

――だがいったい今どき、神々なんてだれのことさ。

――かつて不死なる者たちが、早く死ぬ運命にあった人間にかかわったのは、もっぱら残酷な命令を下すか、小言をいうためね。神々はゼウスの原子の稲妻か雷をそなえており、笑いさざめきながらテーブルについて不死の薬酒を飲み、複雑に入り組んだ恋愛にふけっていたわ。山の中の神々のすまいは炎のちからで守られ、遠く離された人間たちは仮借ない日々の必要事に追いまくられていた……オリンピアのあのひとたちの姿をあなたは見て分かるでしょう。

そうなんです。古い異教の神話は、わたしたちの無気力な状態と歴史の不在を赤裸々にどぎつく書き表しているの。今朝わたしたちは冒険の終わりと時間の喪失を議論したばかりよね。

――現代の科学と技術的な成果は、将来に向かって開かれ利益をもたらすもの、また古代の神話はわれわれの背後にあり借財のようだが、両者はわれわれの現状を理解させるためにバランスをとって集中するのだろうか。われわれは自分がなにをしているか、いつも分かっているのだろうか。どうして毎晩テレビの前に血走った目つきをして坐らなくてはならないと感じるのだろうか。毎年、数千人の女や子供が路上で殺され、毎年旧都市の数百万の住民が貧困のため死を迎えることを、なぜわれわれは陽気に受け入れるのだろうか。……このようなさまざまな習慣を結ぶ漠然としたきずなをわれわれは感じているだろうか。

――どうすればわたしたちは西洋人であることができるのかしら。

――古代異教文明へと回帰することだね。毎晩夕食後、われわれは家のなかに鎮座する木製の物体〔テレビ〕にむかってものもいわず一心不乱に祈っている。昔であれば物神《フェティシュ》に一日数度はお参りし、物神の体からは古代の神像のように稲妻と恐怖と憐憫が放射された。いまこの家庭内の物体の前にひれ伏すわれわれの態度と、毎日守護神にむかってひざまずいていた古代人の日常の祭礼とを比較すれば、われわれがいかなる奴隷状態にあるか、つまりわれわれは自分たちの要求をきく耳をもたない神々に仕える、しがない、無言の、無意識の司祭となっているかを、よく理解できるだろう……

それはいったいどんな神々だろうか。それはわれわれ自身なのだ。われわれのナルシス的な上演作品において、スポーツや娯楽に政治と幸運を結びつける一個の神話体系の勝利者たちによって、支配されているわれわれだ。われわれはさまざまの道をたどりながら経済や財政の冷酷な神々に、毎週人間の生贄をささげ、とくに若い人を多く、また当然ながら祭日にも、捧げることに同意した。古代社会であれば祭日の非人間的な祭儀において、われわれの祖先は、自分自身に対する義務だと心得たことがらを満足させるために、彼らの子供の命を定期的に奪ったものだった。このような義務はもうわれわれには理解できないことだが。

これはすでに神々製造機なのだ。

――どのようにして人々は神であることができるの。

――中世では多数派だよ。キリスト教徒は啓示された真理を拒否する人々を異教徒と名づけた。多数派ということばを逆転してみよう。キリスト教信者は少数派となって今日の無信仰者となってしまう。

なぜなら彼らは政治の神々も見世物の神々も信じないし、金や経済の神々も、支配的な技術や科学の神々も、われわれが情け容赦せず毎週百人以上の人命を犠牲にしているこの権力や栄光も信じないからだ。キリスト教の信者が口をそろえていうことは、たとえ神が存在するとしても、ここにはいないということだよ。

彼らは時代のもっとも明敏な批評家だよ。

――ひとはどうやって無宗教でありうるのかしら。毎日、新聞やテレビ画面の上に体を現す神々をきみは信じているのかい。

――日々のニュースを神学的に読んでごらんよ。二年前、メディアで報じられた湾岸戦争に熱中している人々に、数百万トンの爆弾を投じられている国の名前をぼくは問いただしてみた。それは創世記に記されているようにユーフラテス川とティグリス川のあいだのエデンあるいは極楽なのだよ。われわれは知らずにわれわれの起原の地を破壊していたのだ。

炎の剣を持った天使とはだれだったのか、彼はなにをしていたのか。

宗教史は、あたかも地下のプレートがゆっくりと大地や大陸を移動させるように、われわれをもっとも深い淵におしやるのだ。その掟から逃れることはできない。

しかしパントープは反論をおさえていう。

――もしきみがわれわれのあいだにいる不死なる者を見せることができなければ、その場合、歴史の中での区別が今もそのままだということになるな。

――そんなことはないわ。歴史は人間と神々を区別するこの差異を見たことはないわ。世界的な規模で、征服された広がりのなかで拡張が仕上げられるや否や、新興都市はその住民に対し、彼らの死をできるだけ押しやることで生命を伸ばすことを提唱したわ。新興都市は不死を約束したの。これこそ目下のところ新興都市がめざす究極の目的なのよ。

子供たちの阿鼻叫喚に耳をふさぎ、専用の区域において、長寿の希望がさらに伸びた少数の金持ちの老人たちが、植物然として、ぽつりぽつりと話し、震え、パーキンソン病になり、耄碌して介護されるか、植物状態のアルツハイマー病になるまで濃厚な医療を受けるか、その促成栽培の技術は意識のないぼろきれのような人間の命を高い費用をかけて維持するの……いったいそれは、この究極の企てと交換に、罰を受けた青少年や悲惨な者たち数百万人を情け容赦なく飢えさせ、死にいたらしめる苦痛に値するのかしら。

――養老院万歳だね。

――空間を貪り食ったあとで、時間の中に、価値と目的のない愚かしい空虚の中に投入された新興都市が、スローガンとしてわたしたちに押し付けるのはこういうことばよ。死に対して死を。――こうして不死の者たちの時間が戻ってきたわけ――そしてすべての他者には死を――死すべき者たちは第三世界、第四世界の人間よ。実際にできるだけはやく死にであうために死によって規定されているのね。この人を見よ《エクセ・ホモ》。

――非妥協的保守主義〔原理主義 integrismes, fundamentalism〕に甘すぎないかい。

――この問題を出すときは、わたしたちは自分のことより他人のほうをよりしばしば責めるのね。というのは、わたしたちは科学や理性や権利や、わたしたちが自信を持って示すあらゆるものに従って決定している、ということを確信しているからなの。けれどもわたしたちの民主主義は、実際には歴史上もっとも残忍な貴族制をはるかに超えている、ということは棚に上げているのよ。

もう一度視点を逆にしましょう。このような梯子を作り出すためにわたしたちはなにをしたのでしょう。

わたしたちの行動を外側から検討するため、ここで今のパリ空港に前世紀のあの旅行者、イランからやってきた旅人を再現しましょう。彼らは『ペルシア人の手紙』〔モンテスキューの小説(一七二一)〕を書き、その皮肉で魅力的な寛大さによって、わたしたちの先祖に寛容ということを教育したの……

——どうすればイラン人になれるのかな。

——……それともさきほど述べたような、二つの身体をもったケルビムか、インターチェンジか、いくつか複数の文化を知っている外国人か。正確な機械だけが不正な不公平を正しく測れるのね。

おそらくこの外国人は今日次のような問いをわたしたちに発するでしょう。あなたがたは多神教の原理主義者になったのですか。古代世界が今日あなた方のあいだに過去の亡霊のようにもどってきたのですか。あなた方の歴史はこの多神教の神話に合流するのですか。だってこの神話を子供たちに人生の最高のモデルとして、海の中の潮流のようだと教えることを止めなかったほど愛しているのですから。

これは無信仰者の見解ですが、それは信仰を持つ者の見解だといっても同じことです。彼はわたしたちが異教へ退行することを憤慨しているの。

——われわれが非難する人々よりもわれわれのほうが原理主義なんだ。

――パントープ、むかし七十の国家があり、それぞれに守護天使がいたのだ、ということを知っている？

――すると天使は諸国民の個々の神々の位置を占めていたのか。天使は新しい一神教のなかに多神教の跡とか残りを示すものだともいえるね。

――そうね。ところであの神々製造機がつねにメッセージ伝達において機能しているので、わたしたちはまず第一に天使を製造し、つぎに、天使が失墜したときに、神々を製造するのね。後戻りするわけね。

新興都市とかロス・アンジェルスのなかで、わたしたちは天使のように生活し働くのね、確かに。今朝いったように。しかしわたしたちの機械が、彼らをもって、ということはわたしたちをもって、偽の神々、古代の異教の残酷で鈍感な偽の神々を作ったの。

――進歩のなかのすごい退化だね。

――今こそ天使の失墜を信じるわね。

ふたりは待っている行列を眺める。

――そうだな。人間と神々、死ぬ者と死なない者……われわれのあいだの相違はかつてこれほど大きかっただろうか。

ピアはいう。

——哲学が考え始めて以来背負ってきた十字架のひとつは、人間を定義するということね。今まで提案された定義の表現のうち哲学を満足させたものはひとつもありません。緻密さか正確さに難があり、つねに論議の的となっています。人間は人間について一致した考えをもちません。おそらくあるがままの自分を受け入れることがいやなのでしょう。人間は他者を天使のように敬うかあるいはけだもののように憎むのですもの。

しかしながら、わたしたち医者は、人間を認めるのに明快な文言や抽象的文面を必要としません。生まれつきの苦しみ、あるいはたまたま受けた苦しみから、病気になり、苦しみながら、顔をゆがめて医者のほうに、看護士のほうに、人生の学者のほうに、道を通りかかった通行人のほうに向かう人間は、いま苦しんでいるという事実によって人間としての特質を示すからです。このように認められ、このようなものとして指示されたひとにとっては、わたしたちの参加とわたしたちの条件である通常の死の判決が、他人より早めの時間にくることもあるけれど。

人間とはなんでしょうか。わたしには分かりません。しかし人間とはこんなものではありませんか。たとえば夜明けに死を迎える囚人。彼の背後にはわたしたちの法律によってそれ以後消されてしまった人間がいます。彼の死は自然の密かな定めか不幸な偶然によって早められたわけなの。病人として彼は死んでいくでしょう。この人を見よ《エクセ・ホモ》。

人間たちの権力、ローマ帝国とか他の権力によって判決をうけた死刑囚に、人間そのものの姿を認めるために、わたしたちは大哲学など全然必要としませんでした。またわたしたちを超えるひとつの力、しかもわたしたちが自分の能力に応じてそれを捉えるために毎日研究しているような力によって、有罪を宣告されている人間を認めるためにも、哲学を必要としません。この人を見よ《エクセ・ホモ》。

しかしそれだけではないの。新しい高層の都市の中で、もっぱら治療可能な病気や回復可能な不妊を悩むような人々の背後に、低層の古びた都市の無数の住民がみえてきます。栄養不良で、悪性の病気にさいなまれ、目もくらむ人口増にとらわれ、わたしたちから見放され、集団で死なざるをえないの。その間わたしたちは自己中心的な道徳とか洗練された倫理的概念を樹立するためにあくせくしているわけ。その日にも死の苦しみが彼らのところに迫っています。この人を見よ《エクセ・ホモ》。

この群衆の中から、わたしたちの前に人間そのもの、人類、人間性 l'humanité が出現します。それはフランス語ではまた同情を意味します。

慈悲のない正義はありません。

わたしたちは、麻薬で鈍感になり、我慢が足りなくなったし、わたしたちを守る科学は絶えず死ぬ日を前に押しやって延ばしています。神々になったわたしたちはまだこの人間という名前を自分のものだといいうるのでしょうか。

正義がおこなわれずして慈悲はありません。しかし権利の平等なくして正義もありえないでしょう。

悪魔の憎しみ

パントープが不安げにピアにいう。

――きみは良い天使と悪い天使との相違を知っているの。

――セラフィム〔熾《し》天使〕的な清い光と地獄の火のちがいかしら。あなたは照らすことなく燃え上がる火にさいなまれたの。それとも燃えることなく照らし出す炎のおかげでなにかを見たの？

――ともかく譬えではなくはっきり話してもらいたいね。

――火という原因がなくて明かりをともせるんですか。

――勇気を出して悪魔《ディアブル》のことを本当に話してよ。

――我慢強い聖性は、生まれつきの優美さや美しさのように最初から与えられることはめったにありません。それとは反対に多くの場合、汚いねたみの重圧に押しつぶされている生活や時間から、英雄的な努力をはらって抜け出して獲得されるの。凡人の暮らしは、さまざまなねたみによって成り立っているのよ。他とのちがいを認めてもらいたい、権力をにぎりたい、名誉がほしいとね。

こんなペストみたいな嫌なものからどうすれば解放されますか。

じっさいこの妬みからくるしつこい恨みをどうすればよいでしょうね。身体の中に入って大きなこぶのように、太鼓腹のようにふくれてしまい、その網の目は感情の起伏に応じてガンの転移のようにねたみの染みを体中に走らせるわ。嫉妬はこわばった不快な表情から読み取れるでしょう。

この憎しみは、表面には見えないが、透けて見えるし、身体に染みついて、つねに正当化され、勇気や積極的参加と取りちがえるほど似ていて、ときには会話や考え方のぴりっとした気付薬となるけれど、いったいどうすれば振り払えるでしょうか。どこの火刑台に投げてやればいいのでしょうか。それは作品にとって姿の見えない敵だし、創造の障害で、創造的善意に対立するものなの。

——きみの天使は姿を見られずに通り過ぎるとしても、毎日悪魔を目にしない人などいるだろうか、悪魔は並外れて現在的なんだから。恨みがたえず自分の上、自分の中、自分の外においてまでさいなむのを感じない者がいるだろうか。

——ことばをもって照らし暖めることを仕事としている人々のところでは、超人間的な憎悪が高く燃え上がっているわ。彼らはその憎しみを灰にしてしまう大きなかまどを見つけたのだから。そこで聖性がその光をともし、この無尽蔵な可燃物によってその光を照らし続けます。あらゆるごみがここで燃やしつくされるの。

——人間の暴力がそのすべての排泄物を焼き尽くすように願いたい。しかし暴力という人間の悪の元凶をいったいどのようにして焼却するのだろう。償いえない戦争がおこれば、注がれる人間の血は火のついたアルコールのように地平線までぱっと広がっていく……おぞましい火の海だ、そこに無数の人間を放り込む、自分の番が来るまでね。

暴力から自己を浄化するためには、暴力を必然的に通らねばならないのだろうか。まるでわれわれの血肉で作った作品を火のなかに通すことによって、自分を白熱する柱に変成するみたいだ。燃えて動かず、白熱し、息を吐きだし、息を吹き返し、魂はやっと純粋になるのだ。それはわれわれの書物のページの中で燃え上がっている。あの悪い火の中に、われわれがもつ乏しい持ち物、われわれの靴までふくめて、さらにわれわれの貧弱な身体も足から頭まで投げ込んだから、本のページは燃えているんだ。

ピア、この猛火の中で、どうすれば、火の舌、聖霊の舌と、悪魔の薪の舌、地獄の炎の舌とを区別できるのだろうか。憎しみがこれほど肉体に取りついているとき、厄介な憎しみをどうすればいいのだろう。かまどに叩きつければおそらくそれを破壊できるが、しかしそれではまた恨みをはらすことになり、新たに始まる一本の流れを憎しみにあたえることになる。われわれの肉体の肉体である作品の中のどこに憎しみを置くべきだろうか。きみは凍った炎のことを話したが……

――火刑台に火が放たれてしまえば、聖性は遠くからでも見えるようになるでしょう、海上や霧の中の信号灯のように。ところが冷たい怨恨は出会うものをめちゃくちゃに荒らしてしまうの。怨恨は明敏にも透明さの中に隠れていてだれも目じるしをつけられないから。そのホタル籠――これこそルシフェル〔反逆天使の長〕――は正義も慈悲もなく知性を誘惑します。目に見えない執念深い怨恨はその白いレーザー光線で、見渡す限り地平線まで荒らしまわりそして世界を支配するの。

――するとみずからめらめら燃え上がる憎悪と怨恨の方は、ちょうど灯台のように危険な場所を示し、そこに近寄ってはいけないというのかい。

――だから憎しみが続いているあいだは、それ自体を燃焼させることで空間に入ることを妨げるわけね。それは破裂するの。書物のページを燃え上がらせ、柱となった身体を焼き、憎悪の消耗はひとつの黒い穴を掘るわ。その場所は毒麦の根がみずから枯れるようなところなの。ここに聖性のなかに終りを迎えるチャンスがあるのだし、あるいはひとつの作品を始めるチャンスがあるのよ。

それとは逆に、凍りついた憎悪は自分の外に炎を放り投げ、遠くで爆発させることで世界を戦争に引きずり込むんだわ。大地から、天空や歴史まで、わたしたちの惨めな生活までもふくむこの地獄の業火によって、中心は凍てつくわ。これがサタンよ。青緑色の、青白い、透明な、ほとんど感じられないようなもの。無実なものの血で手を洗い、どんなときにも尻尾をつかまれない君主なの。

妬みが黒焦げになるとき、それは創造の機械に動力をあたえます。創造するために、神は善良になり、それこそものすごく善良になって、長い日曜日を過ごすほどになるの。善意のために創造をやめることなく続けて、ヴァカンスの日曜までつぶすのよ。だから神の行為の積極的なエネルギーを使い切り、嫉妬心を地獄の業火に投じたことは間違いないわ。そのとき悪の中心では冷静な頭と凍った足のディアブルが憎しみを集中するけれども、それはすっかり凍てついてしまい、力を発揮しないままであり、わずかに妬みの火炎放射器によって遠くで破壊行動をするだけ。神が大事業以来不在である世界は、おしなべて無力と破壊の支配する帝国の下に倒れたのよ。

――神は建立し、悪は破壊するというわけか。

——一方は想像し、他方は批判する。そもそも建設はまれで、労働者や技術者の軍団を必要とするから
これは良い天使なわけ。ところがこの世界の勢力である悪い天使はサタン——全能な検事の固有名詞
——を強力に援助して破壊するの。
——それはまったくぼくの理解を超えているが、理解しようとやってみるよ。ぼくの人間としてのささやかな経験からいえば、科学や芸術創作の分野で独自の発明工夫をまじめに話すためには、われわれの内部でも外部でも暴力を制御するあの日常的な道徳がなければならないということだ。日常的な悪魔とめったにいない天使との両方がそろって姿を見せないなら、憎しみのもたらす苦しみをどうやって耐えしのぶのだろう。
——パントープ、わたしといっしょに旅行に行きましょう。天使の彫像と恐ろしい悪魔をまた見てきましょう。ランス〔シャンパーニュ地方の都市〕のカテドラル〔ノートルダム寺院。歴代国王の戴冠式がおこなわれた〕の前の広場に立って、それについて読んだ本のことも、感嘆を繰り返す学者たちの講義を聞いたことも、忘れておしまいなさい。

恐ろしい形相でカテドラルはあなたの前にそそり立つわ。恐ろしがらせるhorrifierという語は身体の毛を肌の上に逆立てるという意味、パンクヘアーね。教会の飛び梁の上には怪物がぴったりとうずくまっており、低い顔には三重のしわがより、ぎょろりとしたひとつ目、頭には兜がのっています。昆虫か、アルカイックな森と記憶以前の時代から出てきた巨大な両生類、ぶかっこうなグリフォン〔ライオンの身体に鷲の頭の怪獣〕は鳥肌を立たせるわね。なぜならここでは身の毛もよだつ恐怖が無数の石の針

を分岐させて、とさか、頂点、突端、尖塔、歯牙、有刺鉄線として、いまにも引き裂き、嚙み砕き、穴をあけ、引きちぎろうとしているから。あれは美しいかしらね。

むしろ怨念がこもっているわね。追放される運命にあり、排除への激しい怒りにかられ、周囲のものを偏執的に防御せざるをえない。憎悪と神聖さへの忌まわしい忍耐を表したりいつまでもそれを悩んだりしている——さきほど話題にした殺戮のことを思い出してちょうだい。炎の巨大なダンスは生贄の恐怖のなかで凍ってしまった。ゴシック様式はこのように聖なるもの《サクレ》を表現する——ランスの秘蹟《サクル》ね。

キリスト教国はこのようにして隣国を受け入れることができるのかしら。

——逆にロマネスク様式は聖性《サントテ》を描くのだろうか。角がなくなめらかで、飾らずむきだしで、控え目で、めったに雄大さを示すことなく、尖ったところのない輪を幾重にも描いて引きこもり、それは果てしなく受け入れていくよ。

——そうね。聖者《サン》はウイというけど、聖なるもの《サクレ》はつねにノンを繰り返すわ。聖者は受け入れ、包み込むのに対し、その対極にあるものは拒絶するのよ。聖者は愛し、その対立物は憎むの。ゴシック様式においては、聖性《サントテ》の内部は澄明で、外側に退去させられていた聖なるもの《サクレ》を逆転しているわ。

——いっそうわれわれに近くなり、前世紀（十九世紀）の末にはゴシック・フランボアイヤンのフランスの作家は、したがって聖性のさなかにあって、聖なるものの回帰を予告するんだ。聖なるもの《サクレ》は全面戦争で二十世紀をすっかり荒らしまわるとね。この戦争自体にも、凶暴に原始状態に回帰するひとつの芸術の前触れがあった。

この文化的退行現象は死にいたる戦争という暴力の予告なんだ。たとえば第二次大戦前に、彫刻家たちがアルカイック時代から蘇生させた怪物神を作り出したが、ほどなくこういう神々と瓜二つのデモンが生き返って荒らしまわり、われわれの戦場を支配してしまったのだから、おどろいたなあ。

ピア、古典主義時代はゴシックを軽蔑し、尖った突き棒を規格化し、狂った憎しみを抑制したから、憎しみはのちのロマン主義によって解放された。まだキリスト教の信仰に忠実な古典主義は、多神教の古い作品を論じても、寓話と称して笑ったり嘲ったりしたが、害にならない程度の距離をたもっていたのだ。ところがロマン主義のほうは、多神教の古い作品を神話で飾り立て、われわれの運命を押しつぶし、その必然性の下にわれわれを屈服させたのだ。われわれの幼年時代には、古代人が実際に扱っていた以上に多神教の作品を宗教の聖典として信じるように教えられた。われわれはふたたび異教徒になったのだ。ということは、人間を生贄に突き落とす憎悪に結びつけられたということだ。だから暴力はわれわれの表現からけっして消えることがなかったのだ。

——するとわたしたちはまたもや野生の、原始的な、野蛮な状態に落ちたのね。——わたしは自分たちのことをいっているのよ。文化がまっすぐに働きかけるとき、つまり聖人のように働きかけるときには、それがわたしたちのなかでもまわりでも鎮めて穏やかにする、そういうもののことを問題にしているのよ。そのとき、一言でいってしまえば聖なる《サクレ》ものは、広場や、通りや、空間の中をさまよっていた。残虐性が気ままに一人歩きしていたのよ。アルカイックな時代への電撃的な回帰ね。その始まりはきっとロマン主義の嵐がまきおこり攻撃が繰り返されたころでしょう。そしてその結果がヒロシマのピカドンだったのね。

——われわれが自分たちの衰退を願うはずがあろうか、だって良心的に、精魂込めて、われわれはみずからの起原の神話への回帰を望んだのだから。

——起原にはいつだって怨恨が身を潜めているわ。ほら、みんなよく知っていることじゃない。暴力、殺人、戦争、残虐行為……死、あいかわらず死よ、悪魔的な聖なるもの《サクレ》はこの単調な繰り返しによって実現するのね。その仕事はただ自分を維持するのが目的だから、作品は残らない。

——われわれは絶えずこの暴力を引き受けて、それを使い切るのだろうか。

——撃て。怨恨に火をつけて燃やせ、焼き尽くせ、赤い恨みや黒い恨みを。その炎は高く燃え上がり踊っている。深淵の底から、高く高く燃え上がり、近づきがたい聖性《サントテ》のほうにむかう。わたしたちの作品や行動は真っ赤に燃える。聖なるもの《サクレ》をエンジンの燃料のように燃やすから。薪の山はうなり、この機械は狂ったように回転するが一センチも動かない。なぜなら怨恨がその回転によって自己を認識する休みない運動に使われているから。


もう一度、大聖堂の前に戻ってちょうだい。おのずから増えていく火の、破壊し得ない破壊が、石の針のように尖った炎を不動のものにしている。身の毛を逆立てたゴシックが現れてきます。

わたしたちの力がひそむのは、わたしたちを聖性《サントテ》から聖なるもの《サクレ》へと動かし、しかし聖なるものから聖性へとわたしたちを引き上げることもできる偶力《クープル》の中なの。聖性を憧れてはたえず聖なるものの中に墜落する。あいかわらず逆転の法則ね。

時には、不意に、盲目的な火の巨大な舌が、そのきらめきを隠された愛のほうに、目立たない、引きこもった、平穏な、単純な、静かな、暖かい、人里はなれた、藁の上の幼児のほうに進めることがあります。

暖炉の明かりがそれを照らそうとして、暗い奥まったところのそれを見えなくする。あたかも火が影を作るかのように。

それが見えるように、火を消してちょうだい。

――でも明かりがなくてどうしてそれを見分けることができるんだい。

――聖性の中を進むのは難しいのよ。

地上の地獄は憎しみの面白い見世物を休みなしで上演しているのよ。これが作品とその幻影が不足している一番の理由なの。

あなたはいつも作品がつまらないというでしょう。読んだあと良い匂いでむかつくといって。

――だがもう一度いうが、しょうこりもなくまた生えてくる雑草みたいな、わずらわしい反感は、焼き払う以外にどうするんだい。

――それを地獄の火に、あらゆる悪魔の火に、まさしく聖火に、動かない永遠の運動にまかせるのよ。反復され、単調な、安定した、彫刻のような歴史は、とどのつまり同じものの永劫回帰になるわ。俗っぽい、卑猥な、耐えがたい悲劇まがいのものが、手を変え品を変えてたえず不変な様相を呈するのよ。だれもが同じ行動に没頭し、同じ考えを真似ている。原始への回帰は永劫回帰の固定化を含んでいるわ。ありそうもない、新しい、若々しい、陽気な、子供っぽい、奇跡的な歴史は、硬くなり、凍った火、ゴシックの中で固定してしまったの。

あなたは、創造が臆病、妬み、卑小なコピーに矮小化したことに憎悪の支配を認めたけど、いつも既成のものだという批判の果てしないくりかえしにおちいっているわ。

作品があらたに炸裂すること、これが偉大な幅広い善意がめったにないチャンスを摑むしるしになるわね。

——創造するためにわれわれに足りないのは聖者《サン》たちだというのかい。

能天使、座天使、主天使

——天使はじっとしていないわね、とピアがいう。

——あの上のほうから落ちてくるのかな、と笑いながらパントープがいう。

——わたしはそう信じているわ。わたしには分かるの。わたしたちよりも天使たちが善と悪の中間でゆれている。だって善悪を本当に区別するのは天使なんですもの。

——もっとも頭のいいものはひよわだしね。

——いやな連中に何度かいじめられたことがあるの。

——悪いやつかどうかは分からないが……じっさいたびたび被害を受けたね。だれにでもあることだが。ある人たち、虚栄心の強い、冷酷な、情け知らずの奴らの、かさにかかった振る舞いにはぞっとするね。

——ドラマはこんな具合におこるのかしら。この世に彼らが現れるやいなや、評価を絶した七つの才能を受けるのね。知能、適応力、創造力、早さ、体力、長もちする記憶力、明快さ……それらをいくつも積みかさねてもつ天才。その上、自分たちよりも才能の乏しい人々を軽蔑したいという誘惑に負けず、またそれ以後自分たちの自由になるあらゆる権力に稲妻のように襲いかかる誘惑に屈しない、という毅然たる気質が必要だわね。

——良い天使とはそうなると、不正な誘惑に負けない天使ということになるな。

——逆のケースには、空間と歴史を占めている悪い天使の失墜があるわ。わたしたちがいたるところで出会ってたえず話題にしているものね。わたしたちはそれに苦しめられているもの。それが皆殺しの天使よ。

この世のさまざまな暴君のあいだに、この大聖霊の宿命的な失墜を認めることはありません。だって、勝利に次ぐ勝利をかさねて上昇しているように見える天使たちを、どうして失墜したとみなすことができて。

——そう、できはしないな。逆立ちして、あらゆる勝利者を敗北者とよび、てっぺんを水底というようなものだ。

——どうしてだめなの。重力の法則を逆にすれば、宿命的な引力が、頂上のほうに投げ飛ばすじゃありませんか。

——それじゃこういう強者を哀れむべきなのか。

——強者の満足の背後には、もうひとつ軽い満たされないひよわさが刻まれているわ。それが強者をさらなる残酷さへと駆り立てるのね。

——そのひよわさはぼくも気づいていた、とパントープはいう。頭がいいから、意地が悪い、意地が悪いから頭がいい。そして両方とも弱いからなのさ。なんとも不当なことに、彼らは他との比較など放り出すような力の美酒を飲んだことがなかったんだ。

――伝統的に天使は能天使《ピュイサンス》、座天使《トローヌ》、主天使《ドミナシヨン》と呼ばれているわ。梯子の一番上に止まっている。

――このような名称のなかに、この世の、つまり悪の天使たちに支配されている世界の、お偉方を認めるべきなのかな。

――この世は零落した天使によって支配されているのよ。

――知能指数のとくに高い天使に課される条件は、だから普通の人間の条件よりずっと生きるのが難しいと思うよ。

――なるほど。本当の頭のよさによって生じる不安定な状態には抵抗できないし、とつぜんの好意によって提供される権力、地位、支配を断れるかしら。

――おそらくだれもできはしないね。

――そこから、不当行為による堕落が生じるのよ。それは皆殺しの権力と栄光のなかに落下するのよ。殺人や戦争が英雄的で強いものだとみなされるのに対し、天使は美女に恋して堕落したと何千年ものあいだ信じられてきたために、人間はむかつくようなやり方で腐敗させられる羽目になったのかしら。現代の映画演劇は拳銃や人殺しをほめたたえ、むやみにそれを増やしているわ。殺しはやすやすと承認され、愛するのは微々たるものね。

　神の本当の裁きがあるから、わたしはどうしても告白しておくけど、天使が失墜するのはもっぱら権力や名誉のためで、結局それは殺戮によって得られるものだということね、しかし天使が天使らしくあり続けるのは、天使が愛を浴びているせいだということなの。

ただひとつ、謙譲だけが、このhumilitéというまさに大地を意味することばが、天使たちを大地の上で飛びかわさせるのよ。このときの伝統的な呼び名はセラフィム（熾《し》天使）……燃え上がり、吊り下がっている……

――このセラフィムの完璧な上昇を、われわれ、地上のわれわれは下降せずに真似ることはできない、それを抑えたり遅らせたりしても、最終的には落下するんだ、とパントープが夢見るように続ける。

――わたしたちは死すべきものだし体重もあるのよ。

――時々きみは、逆巻く大波のせまいへりをたどったよね。うなってくる恐ろしい大波の砕けるトンネルの中に雄々しく突っ込んでいった、不安定なボードの上で危なっかしく均衡をとりながら……ハンググライダーに乗って四〇〇メートル上空で、緑の谷間の上、山々のあいだ、雲のあいだ、白い氷河や白い村を下に見て飛びながら感じる静かな陶酔を知ったことがあるかい。そしてさらに高いところで、パラシュートで降りると、電撃的でしかも果てしない下降が、ほとんど水平におこなわれ、平たい風景のなかの森や峡谷のほうへ、分厚く透明な気流で口を塞がれながら、突然飛行機の爆音に続いて静寂がくるんだ……あるいは、またグライダーが、翼の端で空気の上をきしませながら。空間の大いなる静寂の中で垂直の壁に沿って滑空していく……あるいはもっと低いところでは、トランポリンの上で、しなやかな飛躍の先端において永遠を感じさせるような突然の停止……ウインドサーフィンの、震えるほとんど生き物のような柔軟さ、こういうものが好きだったかい。崩れ落ちる小さな波頭とさわやかな風のさっと吹きぬけるあわいでの……きみは飛んだことがあるかい。水か空気の小さな流れにほとんど身を傾けるようにして、やさしい敬意を感じながら、夢中になってゆるい流れの上を飛ぶんだ。もっともその流れはきみが傾いて失敗したとき軽く受け止めてくれはするがね。

——競争するもののないすばらしさ、比較のために生ずる不正がない、すばらしい恍惚ね……あなたを育てた女性はじつに偉いわ。

——たたかいのないスポーツをやると、恍惚としたセラフィムの目のたくさんある翼をちらと見るような気がするよ。たしかに、身体だけが魂を理解させてくれる……肉体の勇気が無垢なるもののほうへ導いていく。じつに頻繁に悪いことをする知能も、記憶も、科学もそんなことがあるとは夢想だにしていないがね。

——大衆、群衆、人間の集合というものを、波の砕けるこの海、さわやかな風、流れや渦巻きのイメージで考えるべきなの、あなたはそれを政治家や雄弁家にむけていっているの？

——単語を用いてぼくは言語のない思考を踊るんだ。肉体がそれを強烈に感じているのは内密な暗闇で、そこが物悲しい欲望によって突如として照らされ、持ち上げられ、暖められる……

……登頂からのゆっくりした下降にも、あるいは弱い乱気流の逆流が遡っていく上昇気流のあの緩慢な下降にも似ていないなら、いかなる直感も光らない、ほんものなら。いかなる文章も響かないし、広々とした、音楽的な、知的な、静かな文章も流れてはこない。

——あなたの失墜のことを話してよ、パントープ、とはらはらしながらもピアはごく抑えていう。

——ぼくが落ちたかって。落ちたよ。地上の乗り物も空中の乗り物もプレートが揺れたり振動したときだね、そう、大きな波が予想もつかないほど巨大になって襲いかかり、船の壁面を横倒しにし甲板を垂直に立てたときだ。そう、立っている人が突風の平手打ちを食ったため、びっくりして横柄さがすっ飛んだとき、そう、震度7以上の地震が地面を壊したとき、そう、立ち上がった大地が四千メートル以上の高さでとさか状に薄くなり、臆病なぼくはとても直立することができなかったとき。旅行、大海、風、地震、尖った山頂、これは支配を教えてくれるものだ、〈立ち上がれそして歩け〉だ、誕生以前の時期だね。

――もっとあるでしょう、パントープ。

――ぼくの落ちたことかい。そう、ある女性の顔と身体のまん前でね。そう、新しい考えがその美しい形式を伴って下ってきたときだ、そう、あのフラ・アンジェリコの描いた「お告げ」の前で、そう、それに触れんばかりのとき閉館の時間がきた……

――……永遠の栄光の恩寵が鳴り響くとき、わたしの緊張した皮膚ととがった骨とでわたしの身体は不細工に移動式のテントを張るだけであり、それもぐらぐらして壊れそうで風が吹くたびにいつまでもはたはたとなったわ。

神々は山頂に棲むと、かつて偶像崇拝者は主張していたわ。あなたはたびたびそこを訪れたから、そこに神々はいなかったと証明できるわね。ときどき山の頂上の標に置かれている十字架の周りにもね。

――そこにはまた彫像や社の跡もあるよ。しかし大きな障害物が登るのを妨げなければのことだが、偶像は楽な登山コースしか守らないよ。

――するとあのめったにない空間にも、幻滅した他の所と同様に神々は一切居ないのね。なぜそんなところに登るの？　とピアはたずねる。あちらでなにを見つけたいの。天使じゃないの。

パントープは反論する。

――むかし、ジャン＝ジャック・ルソーが悦にいって語ったことがある。小舟の底に横になり、ともからへさきまで足を伸ばして夢を追っていた。スイスのビール湖に浮かぶ舟は流れのままに漂っていた。身体は水面すれすれにあり、なかば夢見ごこちの受け身な状態で、彼は生きていることを実感したんだ。

――現実の生命は眠っているのかしら、この世でもっとも低い地点に沿って身をゆだねているとき、至福だと感じられるなんて。わたしの仕事は逆だわ、病人にむかってベッドに寝ていなさいと説得することだもの。人生を診療所と一緒にしていいかしら。

――木のお棺みたいなものに入れられて、どんどん流れる川をだれも漕ぐ者もなく運ばれていくなら、きみも多少は自分の死というものを経験できるかもしれんよ。

――そうかもしれないわね。もし自分の生命が一時の休息からさめず、つまり自我のほうに向いた無気力な体がまどろみと夢のふんわりした状態からさめず、受身の時間の死の流れに運ばれることから脱出しないとしたら、いったいほんとうに生きていると感じるかしら。

――そうだ。きみは立ち上がり、はるか山の上で生きているんだ。きみの足元の、見えない、遠ざかる垂直な二つの壁面のあいだに置かれた、目がまわるような薄い岩石の上だ。均衡をうしないかねないぎりぎりのところで、重力に逆らってきみは生きている。耐えられないほど細心に注意をはりつめ、太陽に焼かれ、骨まで凍らせ、竜巻の風速によって転倒させられ、冷静な熱意が末期の情熱に先行するために流す汗にまみれ、可能性を超えた努力によってへとへとになるんだ、きみの生き方だね。

——息も絶え絶えに、凍ったようになって、最初の呼吸で引き裂かれて、わたしは母のおなかから出てきたのよ。

——そうだ、頂上へのアプローチは誕生に似ているよ。

——外側と内側、窓から、敷居からあるいは頂上から浮かび上がる生者は、湧出する炎、白熱する炎、そう、燃え出す炎のように震えているわ。まっすぐに立つが、横にはなびかない。

——嵐の山の尾根を想像してごらんよ。ガスの照明装置みたいさ。尾根は燃える。だから立ったままあの尾根の上でがたがた震えているぼくはまるで垂直な松明だ。

——あなたのおかげで、これからは山脈がのこぎりの歯のように並ぶ地平線を見るときは、火のセラフィムたちが並んで震えながら守っているのを、わたしも見るわ。大聖堂の上に立っている大天使像みたいね。天使はカテドラルを生命で燃え上がらせるのね。このように守護天使はわたしたちのそばで松明を高く掲げている……

——夏の聖ヨハネ祭のために、若者たちが近くの山頂に登り、大きな火を燃やすのをふもとで見ていたことがあったね。そのとき山全体がまるで天使のようになった。

いつでも天使を人間の姿で描くのは大きな間違いだ。天使はぱっと広がって世界の美しさにひとしくなるんだから。あの美しい民間の祭りは、感覚的、身体的、日常的ヴィジョン、つまり神のヴィジョンを裏打ちしてくれるさ。

世界は絶えず火をともし生命をもやしているんだ。

——山の頂上での生命と危険はあなた、水の上のまどろむ生命はルソー……生命と火は世界では普遍的ね。

——とくに、おそらく、乗り換えと通過の場所ではね。そこではメッセージの数と密度が増えるから。水が陸地をなめ、風が陸地を愛撫する大潮と引き潮、火が海の塩水と溶岩をまぜて強固にする深い海淵、地球が太陽と寒気のほうに向かって、軽い空気の乱流のほうに感度を高める高地ではそうだろう。

——通過の場所と交換の空間。そこには天使が一時寄港するの？

びっくりして彼は一瞬黙る。

——じゃ他のどんな場所や時間より、あの高いところできみは生まれたり生きていると感じるわけなのか。

——ところでもし神がいるとしたら、神は命だし、風だし、火だし……生命の核だし、創造者、始まり、先端、頂上、最高のもの、愛ね。

ピアは中断してつけくわえる。

——だから神はあなたとともに山のてっぺんに棲むのよ。

パントープはしばらくためらっていた。そして目に涙を浮かべて、口述でもするような調子で、最後の意思と遺言を伝えるかのように話しだした。

——墓地はあまりに醜いのでぼくはそこに埋葬してもらいたくないんだ。数年間のぼくの熱狂の時期がすんだら、最後の炎で燃やしてくれたらいい。軽い残骸は最後に風に飛ばしてもらいたい。最後の失墜だ。信仰のある人は祈ってくれればいいし、望むなら黙禱してくれ、なにか適当な文章を読んでくれてもいい。ともかく最後はぼくを世界の中の火と風にゆだねてほしいんだ。感謝するよ。

ぼくの友人の高山ガイドはきっとオート＝ザルプ県のアブリの町の名のとおった居酒屋にいるだろうが、ぼくの遺骨の入った骨壺を、使い慣れた青いザックに入れて運んでくれるだろう。料金は普通のコースの三倍を支払ってくれ、それとビールだ。彼の出発のときと帰ったとき、ぼくの健康を祝い、恨みっこなしに他のみんなの健康も祝って乾杯するためだ。そしてガイドの彼は、いつもわれわれと、つまり彼とぼくのことだが、一緒に行ってくれた彼女を、ザイルに結んで連れて行ってくれるだろう。こうして一蓮托生の仲間ができる。いわゆる骨壺が、計量できないほど軽くて繊細な物を納めてガイドの背中にあり、三番目の彼女の鼻先に位置し、かつてふたりに囲まれ保護されてぼくがずっと守ってきた位置を占めるからだ。一度だけはぼくのふたりの守護天使が重い重量を背負い込まないことになるんだ。感謝するよ。

さて登ったら、マッシフ・デ・ゼクランのペルヴーの山小屋で最初の晩の休息をとってもらいたい。ぼくの相続人たちのほうは、宿泊料と食事代を負担しても同行はしないでもらいたい。翌日は夜明け前にコーリジュのクロワールに向かい、日の出前の時間に登ってもらいたい。

ちょうど中間にきて、足場を固めたら、ぼくを風の中に、雪と氷の方に、岩場のあいだに投げてくれ。まるでぼくが転落するみたいだ、いやぼくは飛ぶんだ、天使のように。*Deum de Deo, lumen de lumine*（神よりの神、光よりの光、「クレド」）を唱えてもらいたい。三倍も祝福されたあの日、ぼくの口をついて出た同じことばの思い出にね。あのとき氷がばら色にきらめき、暁のモーヴ色の最初の光のなかで、神の優しい祝福を感じたんだ。そのときぼくの第二の本当の青春が遅まきながら原初の本物の山で始まったのだ。感謝するよ。

それから彼らは下山する、あるいは頂上を経由してペリシエ氷河やエールフロワドの岩棚を通るだろう。それは時間とそのときの彼らの気分と、そのほか彼らと取り交わした契約にもよる。いずれにせよ彼らにはできるだけ景観の落ち着いた静けさを楽しんでもらいたい。ぼくにあたえられた地球をぼくが愛したように、ぼくにそれをあたえてくれた父と母をぼくが愛したように。ありがとう。

慈　愛

——あなたは最後の審判を信じますか、とピアがたずねた。

——〔すべてが述べられ、すべてが成し遂げられた〕最終審か、とパントープは茶化す。

——怒りの恐ろしいその日や集まった大群衆を想像するとき、片方には、はっきり区別されそして分け前にあずかる人々が集まり、もう一方に絶対にそんなことをしない人々がいると思ってしまうの。

——なんだって。

——だってね、一方にもし地獄と極楽をひとまとめにするとするでしょう、そうすると善と悪、純粋と不純、真と偽、正しいものと不正なもの、理性と狂気が集められ、またとくに、最後に一緒に集められるのは、ごく少数の勝者とあらゆる敗者……それから別の側に、混ぜこぜのもの、元気がいい者とおとなしい者、肉体、魂、混合物。こちらは合金、向こうは分割されたものというふうに分かれるわ。

——ぼくはその分割法が気に入ったね。とパントープが笑いながらいう。だってその分け方はもともと中途半端で、いわば自縄自縛なんだから。

——融合すれば恋人たちには彼らの住む家が手に入るのに、対決して勝負すれば排他的な独占者たちに彼らのかみそりを配分することになるわ。裁判で裁かれるのはもっぱら判事だけよ、だって決められないものは脇にのけておき、区切りの点を記すみたいに一巻の終わりを宣告するんだもの。そんな裁判を最後の判決と呼べるかしら。

——きみのフェルマータ〔拍子の運動を停止すること〕は、物理学の法則を否認する始原点をもつビッグバンみたいにパラドクサルだね。

——混合物をひとが好むときには、法廷はもはやあらゆる哲学論議の場でしかないわ……哲学なんて別のものなのよ。

——向こう岸なのかい。

——わたし、そう言いやしないかとはらはらしていたのよ。だって愛は排除しないものね。

こうして彼女は自分のしかけた罠にかかって不安げである。

——ピア、知っているかい、絶対 absolu がどういう意味か。

——完璧、完成、全能、独立、留保なし、矛盾なし、と一息で彼女は答える。

——具体的なものでは、絶対とは融解しないものをいうんだ。分解できないものだね。

——水にも、酢にも、どんな酸にも溶けないものなの？

——還元されないダイヤモンドさ。

——これから先上告する法廷がない、ということはつまり絶対的だということだし、無罪放免しか残ってないということね。

――だから慈悲があるのさ。しかし排除が残っているよ。

――愛は排除を排除するわ。

――きみの最後の法廷と同じ矛盾したふるまいだ。


ピアはもう力尽きていう。

――あなたの論理はわたしの道徳をめちゃめちゃにするわ。

パントープは得意になっていう。

――相対的で主観的なんだから、道徳が理性に向かってなにができるんだい。科学を客観的にみなさいよ。過熱する競争に鍛えられて科学はすばらしいものになったんだ、そして最良の結果をあたえている。科学に優るものなしさ。

ピアはうんざりしていう。

――じっさい、わたしたちの最大の義務といったらこんなものかしら。あらゆる状況で最良のものを推し進めること。最良の政府にしたがって生活し、子供たちを最高度の練達した教員のもとで、最高度の優れた勉強をさせ、質、評価とも最良のレポートを生産し、栄達の最短計画をたて、最高の収入を得て、もっとも正当でもっとも強力な結果を一番早く獲得し、最高の美女と結婚し、最高級のぱりっとした服を着て、最高の賞と最大の読者を得るような本を書き、強さ、高さ、速さの目標の最高をマークする。敗者には不幸を……このように公私の場においてわたしたちの活動のエンジンは回転しているのよ、これが根本的分割なの。

やがてそれができるようになったときに、なぜ人々が優生学によって息子や娘をもっとも美しく、もっとも強くつくらないのかしら、最終的には世界中でもっとも良い国を作らないのかしら。このような楽園をめざすことは、どんな地獄を予想し、そしてそれを生みだしているのかしら。

——そんなものをだれが夢見ているんだい。

——例をあげましょう。わたしたちはデモクラシーをやってますか。

——そうさ、それはわれわれの誇りじゃないか。

——いいえ。わたしたちは一度も実行したことはありません。宣伝のまやかしの形式よ。政治哲学はこういう問いをだすでしょう。政府の最良の形態はなにか。そしてそれにこっそり答えている。それは最良の人々の政府だと。

じっさい、わたしたちは封建制を全然離れたことはないの。支配するこの選良は時代と必要によってさまざまだけど、強者や権力者だったり、生まれがよかったり、富豪だったり頭がよかったり、教養人や学者、資格を持った者が知識と法律とメディアを握っているんではありませんか。

新興都市で平等だと宣言されているのは、資産あるものと恵まれたものであり、健康で、金持ちで、清潔で、育ちがよく、要するにつねにもっとも強者である人々のことよ。それに対し第三世界、第四世界は無視されているし、地球上にいる圧倒的大多数は飢えた群衆です。フランスの歴史はこれ以上に残酷な貴族政治をかつて知らなかったのじゃありませんか。

——きみは進歩を否定するの。

――新興都市はたえず最良の人々の生活を改善しています。これが新興都市の進歩というものね。進歩は、旧都市、つまり新興都市以外のすべての人間の生命と引き換えよ。ただのものはなにもない、ピンからキリまで金がかかるの。

――少なくともわれわれは進化の法則には従うべきではないだろうか。

――より強く、よりよく適合するか、あるいはなにがよりよく繁殖するか、というこの奇妙な貴族的な比較級がなにを意味するか、本当にわたしたちは知っているのかしら。格闘技では筋肉の大きな塊を持つほうが、機敏さと奇策に欠けて、勝利を逃すことが多い。また頭のいい人だって子供ができないこともあるわ。すぐれた性質だって人間性の複雑な総体からみれば有害となることもあるのよ。こうしてもっとも強い者が弱い者に変わってしまうわけね。これはチャンピオンや高い知能の人に見られるわ。以前の世代がこの問題に幻想を抱いたのよ。ニーチェからチェホフまで、ターザンからナチまで。このころから社会的進化論が、あちらではおおっぴらに、こちらではこっそりと始まり、予想以上にわたしたちの習慣に強く入り込み、しかもはるかに偽善的な形で入っているわ。だってわたしたちはデモクラシー体制のなかで生活していると思っているくらいなんだから。

――このような法に逃げ道なんかないよ。

――パントープ、植物や動物はダーウィンの法則にかならず従わざるをえなかったのかしら、つまり集団で実際に死ぬこともあり、今日なら種全体が絶滅することもある死闘に追いこまれていたのかしら、そしてそれから解放されるすべを知るという厳格な条件のもとでしか、人間たりえないのかしら。

だからこういう思想家、文学者、歴史家、政治家、映画スターの考えとは反対に、わたしとして思っているこことは、人間とは、弱さから、もろさから、勝利についてのやさしい皮肉から、生じるのだというこことなの。つまりそれは、支配者の栄光は支配者をかならず野獣に変容させるし、権力はかならず倒れるし、王座はかならず崩れ落ちる、という確信から生まれたと思うの。

わたしたちはどちらから生じたのかしら。ターザンから、それともピエタからかしら。勝った男からかしら、なぜなら一番強いし、自己を再生産するし、他の人たちよりも適応がうまいから。それとも子供が死ぬのを見て、ひざの上に抱き、涙を流す女からかしら。彼女は負けたのです。でも彼女はいかなる子孫も残さないでしょうか。では今それをかぞえてみてください。

わたしたちの文化のような文化は、たいていどんなことをしても勝利をひたすら求め、まっしぐらにその絶滅にむかって殺到します。まさに絶滅の途上にある種なのね。


あらゆる大帝国はそのために死に絶えたの。

——だが子供のない女性がどうやって子孫が持てるのさ。

——前にいったように、養子縁組よ、父も母も、姉妹も自分で選べるのよ……選ばれたその人たちもその息子、娘、兄弟を選べるし、法律的にも神学的にも、信じられないほど新しい関係が、血縁関係や子を産むことから生ずる宿命的で悲劇的な運命を打破するわよ。それは家族の犯罪的関係や近親相姦的関係や、親と子、一族、民族、文化という基本的構造も打破するし、各個人にその親や子供や傍系親族を選ぶ自由をあたえるの。わたしの家族、わたしの民族、わたしの文化以外の、血と歴史のつながりのないなんぴとでも、わたしの最愛の母や姉妹や娘になることができるの。そこから愛がやってきたの。

こうして養子縁組の純粋で寛大な愛 dilection は、生物的であろうと社会的であろうとダーウィン主義を無効にし、歴史が思い出をはこぶ復讐の戦争を消滅させるし、あなたの青春を呑み込んだあらゆる理論を打ち消すことでしょう。

——しかし大帝国はどうなるんだい。

——なぜ巨大動物のマンモスとかディノザウルスが滅んだか。なぜ、今日、高貴な種である鷲や象や鯨が死に瀕しているか。なぜ、エジプト、バビロン、ギリシャ、ローマという帝国が崩壊したか。なぜ時代というものがすべて完結したのか……どれもこれもすべて優れたもの、権力、栄光を独占しようという野望によって力が尽きたからでしょう。いってみればダーウィンの法則とやらに息の根を止められたのね。

こういった動物的な死あるいは集団的な死から唯一逃れた者、つまりこの法則を免れた者、それが人間です。

最良のものを追究すればわたしたちはまた動物に行き着きます。傲慢な征服者と無数の敗北者の範囲をひろげ、ノーベル賞候補、テニスの選手、先週のベストセラー作家やレコードのスーパースターまでいれて、その階級というか分類されたものをみれば、わたしたちのなかに残された原始の動物性や植物性の要素が、いかに再生産されているか容易に再確認できるわ。

別の言い方をすると、わたしたちが人間であるのは、わたしたちが最良だからではありません、最良であれという目的とは別の目的をたまたま追い求めていて人間になったからよ。分類や競争はわたしたちにはほとんどかかわりがありません。だからたとえば優生学は非人間的なのね。最良の人間を計画してごらんなさい、そうすれば病気の猿か発育の悪いサラダ菜ができるでしょう。

奇跡です。わたしたちの中からひとりの貧しい男、普通の男が立ち上がります。そしてわたしたちは彼の後に従います。なぜならわたしたちは彼が好きだからです。だからあまり大きな声ではいえませんが、わたしたちは高いところにすむ神々でも家畜小屋のけだものでもないのです。つまりわたしたちは良心［意識］をもつ主体ではありません。

もし知能が洗練されて、最高の頂点を目指す激しい探求が、価値の梯子のてっぺんに人間を押し上げるとしても、その梯子がいぜんとして動物の梯子であるのは、洗練されたとはいえ知能が〔動物的〕梯子だからです。人間的ということが良いことを意味するのは、善意という意味であって、けっして堂々たる成功、クラスでトップとか、家畜小屋で一番という意味ではありません。

――夢、理想的な夢だよ。競争にかりたてる突き棒がなければどうなっていたかね。

――創造の仕事でしょ。卓越したものに向かって、それだけに的を絞った正確な仕事は、その材料を前にすると極端な謙虚さを要求するわ、あたかも熟練者や他者を前にするみたいにね。こうして作る人は、模倣したいという欲望から解放され、比較しえないもの、模倣しえないものに到達するの、けっして他の道はとらないわ。

――そうはいっても、排他性は、科学や、論理や、推論をうまく進める場合はいつも、厳密にやろうとすれば必ずついてくるよ。すべて第三項排除の規則を要求するんだ。こういう原則なしなら、なんでも言えたり、主張したり、企てたりできるんだろうね。さきほど排除を排除したいときみがいったとき、きみの混乱はそこからきているんだ。

——なるほど。しかし時代とともにわたしたちが区別してきたことは、形態について手を加える場合の厳密さと、人間についておこなう身体的、社会的な厳密さとは別だということね。ところが前者は後者を一掃したわ。

——信じがたいね。

——少なくとも作品にかんしては排他的な要求をお持ちなさいよ。でも人間たちとの関係では慈悲に移行して欲しいわ。

——正義はどうするの。

——慈悲をうちに含まない排他的な正義なんかありません。

——こんな矛盾をいっしょくたに考えるなんてできはしないよ。

——できるわよ、逆なのよ。例はこれです。厳密な科学は、事実に忠実で、今では恩恵をもたらすまでになっていますが、矛盾のない真理のすばらしい探究にもとづき、したがって第三項排除にもとづき、わたしたちの周囲で経験するすべてのものと同様に、苛酷な競争に没頭し、激しい優先権争いにもまれ、勝つことを強いられ、栄光獲得から逃れられません。これは他者排除の第二の、そしてまったく別の形式です。

執念とさえいえるような熱心な真理の探究はたしかに進歩に向かっていますよ。でもその競争の条件に退歩が含まれているの。先頭をきそっておこなわれている競争は、研究の途中でさまざまの間違いに直面させます。これは必らずおこることなの。しかも基本的な選択とか、かなり長期間におよぶ致命的な方向決定において、間違いが起こるのよ。

いったい二つの動因、二つの項、二つの熱望を区別できないかしら。他者を貶めないで真理を求められないのでしょうか。この理想を実現するのにいったいなにが障害なのかしら。

これほど込み入った行程をいつまでも十分な慎重さを持たずに進むのかしら。これからも人間のもろさについて十分の配慮をしないのでしょうか。


——人間の弱さはなにからわれわれを保護するんだい。

——神さま自身がすごく弱いのよ。わたしたちは神の姿どおり生きているんですもの。慈愛が競争の害悪からわたしたちを守ってくださるのよ。文化はすべてそこから始まります。

——ぼくはきみのいう慈愛ということがさっぱり分からん。Miséricorde の最後の二文字 corde〔cor-dis → cœur〕が頭ではなくこころからきているが、きみは愚者をつくりたいのかね。

——勝利や栄光をもとめて競争しているから、経済や科学の合理性がこころの感動を忘れるのは当然ね。操作的計算やその検証に没頭し、動かしているのは一等賞をもらった昔の秀才たちですから、新興都市が合理的に組織されているのに妙に愛情が欠けているのは、古典的貴族的な理性の時代がヨーロッパでも古代でも愛情に乏しかったのと同根なのね。ギリシャの哲学者は現代の学校ではすばらしいと教えられているけど、その当時は情けしらずで長談義好きの尊大なけだものにすぎなかったのよ。

現代人は行為と結果と考え方を効率万能で処理することになれて、パトスを負債の側に置いたり、苦しみや感動を損失勘定のマイナス欄に置いてしまうわ。したがってわたしたちの労働は、非合理的といわれるものを、より巧妙に摘出するために排除しているの。石のように硬直した最良の人々は感動を置き忘れているでしょう。そしてこういった世界中で最良の人々、情け知らずの人間が、死の世界へ、葬列へと進路を変えるのね。

もし愛のない人間を良い人間だといわねばならないなら、石ころや死んだ人間だってやさしいといえるわ。

――改善のための計算が、事物や人間存在や世界の複雑さを勘定に入れなかったために、間違ったことが時にはあったと認めよう。前もっていけないと判断されていた要素が、その周囲のものと一緒になってよくなることが実際ある。その逆もあるが。

――感動を避けるという決定がそれをいっそう大きく狂わせているわ。

――われわれは理性と情動をいっしょくたにするようには教育されてこなかったんだ。

――そのとおりよ。しかし人間的なものの本質は、理性と同じくらい頻繁に情動を通るのよ。そして歴史の最大の分岐点にくればわたしたちは悟性よりも情念に頼るんだわ。

この人を見よ《エクセ・ホモ》。わたしが引用したたったひとつの人間の定義です。拷問を受けている人を前にしたら、議論の余地なくかわいそうという叫びをあげるでしょう。悟性がくじけたところにこころが行くのよ。

結局さまざまの情動がなければわたしたちは生き延びられないのではないかしら。人間の生きた身体でさえ正常な状態に対する侵害を察知するのは、わたしの知る限り知能のチャンネルではなく、言語をもたない痛みによるわ、それはたちまち病気の痛みにされてしまうけど。そうです、苦痛がしばしば生命を救うのよ。

歴史を揺り動かすこの情動が死から身をまもる条項を教えるの……この心臓の鼓動、何千年も続いているこの暗騒音……をちっとも哲学は理性に先んじて受け取らないから、哲学はなにごとにも失敗するのかしら、無力な半身不随に陥ってね。

――哲学がここになにをしに現れるのかね。

――その名前〔フィロソフィー（愛知）〕に従って、愛が学問や知恵に先んじるということを教えにでしょう。

――聖ミカエルの体から百万の頭が湧いてきて、その頭にはみな百万の目がついており、そこから七万もの涙の川が流れている、ということを知っているかい。

純然たる霊であるのに、考える前に泣いているのだろうか。いや。イスラエルの守護者、この大天使が兵士となり、兜をかぶり、鎧をつけ、慈悲深く、永遠に嘆いているのは、戦争やその他、組織された暴力だけが今にいたるまで、たとえ短期間であれ、徹底的におこなわれ、しかも暴力が粗野で、野蛮で、獣的で、致命的であり、人間と天使とあらゆる存在からつねに発生するからだ。彼の涙は眺めている愛のアルカイックな基本的な悲哀の結晶だ。涙をながす感動は目の明晰さをその絶頂に押し上げているぞ。

――軍隊も宗教もないと宣言し、しかも生産組織には手をつけずほったらかす世界にはなにが起こるのかしら。

――自由かしからずんば残忍なジャングルだ。どっちか決めよう。

――話の始まりだったあの審判、法廷に戻りましょう。片目しかない愛は基準にも従わないし、基準をあたえもしないわ。

――愛の基準だって？　愛は比較も上下も知らないし、そんなもの問題にしないじゃないか。そんなものを持ち出したら、用心しなくちゃ。もう愛なんかじゃないね。

いや、ぼくはきみを愛してない、なぜならきみは一番立派で、一番美しく、一番金持ちで、なんだか知らない梯子のてっぺんに腰かけているように見えるから。冗談だよ。ぼくはきみがだれとも似ていないから愛しているんだ、と彼はいった。

彼女は夢見るようにいう。

――人類が生まれたのは突然なんだわ。どこかの無邪気なアダムさんが思ったのね。大勢の中にひとりのイヴさんがいる。ただぼくと一緒になるため、たったひとりだけ存在する、とね。そしてイヴさんのほうも同じように思った、ということから生じたのね。そこですばらしい園がふたりのあいだに、ふたりのなかに、ふたりの周りに作られ、花が咲き、実がなり、神様もしょっちゅう訪れた。ふたりがそこを去るのは比較の誘惑に屈してしまったときなのね。

だって悪魔、堕ちた天使、光の運び手が、りんごを食べるようにずるがしこくすすめてこういったのよ。あなたたちは神様のようになります、つまり一番えらく、一番強く、一番頭がよく、一番良くなります、などなど。それからはこの梯子から歴史が生まれ、血と涙の滝のような川となり、優れたといわれるもののほうに、皆殺しの天使がふりかざす炎の刃の光のほうに、流れ落ちていくのね。それとは反対に、どんな瞬間にも、いかなる善意とも混じり合い、いうならばそこにもここにも楽園は花開いているわ。

パントープも夢には夢をもって答える。

――ぼくの死んだあと、時間は死とこの瞬間のあいだに濃密な二十秒も流れはしない。というのもわれわれは時間を失ってしまったからだが、慰めの天使がぼくについてきてくれて、鐘がなったあと、門のそばにぼくを置いていくだろう。それは第一楽園の門ではなく、決定的な最後の楽園の門なんだ。これがぼくの夢見ている審判なんだ。

入り口には罪状認否の窓口があり、聖ペテロ判事がご承知のように積み上げた善行を問い、罪を制裁する、ということは認めよう……ところでこれはだれも今まで言ったことはないが、確かなんだ、ミクロン Miquelon、小さな足のミカエル、控え目なアルカンジュロが、ユニークなやさしい顔に微笑をうかべて、真正面の、満足という窓口に座っていて、すぐにたずねるんだ。満足であったかどうかをね……十分な金をかせぎましたか。ぼくは貧しく暮らしました、しかしそれで十分足りました。あまり苦しみませんでしたか。ぼくは十一回手術台に乗りました、ほとんど狂気の二十歳をおくりました、ぼくは健康に不満はありません。ありがとうございます。あなたは十分な名誉を受けましたか。世に知られていなかった後、ある種の光があたりましたが、かえってそのちょっとした騒々しさに閉口しました。あなたはもっと多くのパンやワインを望みませんでしたか。いいえ、ぼくは青年時代はひもじかったし、そのあともひもじさはついてまわりましたが、ワインのうまい銘柄を存分に飲みました。あなたは十分風景を見ましたか。はい、世界の美しさをじっくり見ました。あなたは十分人と知り合いになりましたか。ぼくはしばしば片方しか目が見えなかったり耳も聞こえなかったたし、ひんぱんに愚かなことをしました、しかし結局、理解する幸せを感じています。あなたは満足するほど発明しましたか。はい、ぼくの顔の上に時おり新しい風が吹きました……それではあなたは堪能し、満足しましたね、通ってよろしい……いいえ、いけません。ぼくはまだいぜんとして飢えています、物乞いをし、哀願し、渇望しています、ぼくはまだ生きることを始めていません……まるで今までなにひとつ味わったことがないかのように不満です……あなたは十分な愛をあたえましたか……ぼくは十分な愛を受けませんでした、ぼくの全生涯を愛に捧げたのに、ぼくには愛されることが起こりませんでした、というかやっと始まったのです、ぼくをしばらく生かしてください。十時間でも、四分でも、二十秒でも、ぼくはもっともっと愛したい、今こそ、新しく、尽きることなく。唯一の緊急事態は、ぼくの死ぬ時間と今日この遺言補足書の加筆のあいだにある埋められない時間です。


——恋人同士は溶け合っているからお互いを放免 absolution するんでしょうね。

——フランス語をもっと正確に使ってもらいたいね。絶対 Absolu はけっして溶液 Solution には入らんよ。排除をどれだけ排除してもね。

しかし恋人同士を放埒 dissolu だとは絶対にいってはいかんよ。


ピアは踊りだして歌う。

——明日は恋を知らなかった人々のところに恋が訪れる、明日は恋の終った人々が生まれかわった恋人を訪れる、明日は恋に悩んだ人々があいかわらず恋しい女や男とを恋焦がれて悩む、明日は恋に死ぬ思いをした人たちが同じ恋、それとも別の恋でもう一度死ぬことでしょう、明日は恋の火が消えてしまうなどとだれが思うでしょうか。

夜景

燈明

あいかわらずいたるところ雑踏である。

——空港では日本人が通る、それに混じってオーストラリア人が通る、アルゼンチン人が通る、中国人が通る、マグレブ人に続いてロシア人が通る……わたしたちの友好関係がむらなく広がっているのがなんなく分かるわね。

——数千年前、それは発祥の地アフリカに集中していたんだぜ。

——医務室ではだれも他人のことをとりたてて苦にしたり嘆いたりすることはないわ。暴力や死のように普遍的な苦痛がわたしたちを平等にしているの。汗も、涙も、血も、同じ塩の味なのよ。

——人間の生殖細胞のもっとも秘密な隠された小要素、ミトコンドリアはすべて同じ起原を示してるんだよ。知ってるだろう。

うなずいてピアは目を閉じて朗唱する。

――おそらく黒人であり、いずれにせよアフリカ人であるイヴとアダムは子供をふたり作った。カインとアベル、それからどんどん作ってわたしたちまで。何十億の人口が地球全体を覆っているわ。

――ぼくは諸大陸における全人口の数千年間におよぶ旅行の地図を描くことができるし、人類の系統樹や言語の系統樹も描けるよ。仕切り壁の上に描かれたその発展の情景を想像してごらん。左手の、こちらの葉むらの一番端にある葉を見て、それからこんどは右側の一番外れの葉まで見てよ。ものすごい距離がアフリカの最初の家族から最終の末裔まで隔てている。始まってからお互いにだんだん遠く離れたのだ。ブッシュマンとオーストラリアのアボリジニー、ニュージーランドのマオリ族、ヘルシンキのフィンランド人というふうに。ずいぶん離れているな。

梯子のようにまっすぐなこの系統樹の描かれている壁があったら測ってみたいものだ。


パントープは右手と左手をいっぱいに広げてこの巨大な相違を示すが、ピアは彼の左手をとると、この時間帯には閑散としている待合室に引っ張っていく。天井にカルダー〔一八九八―一九七六、アメリカの彫刻家〕風のすてきな〈動く彫刻《モビール》〉〔原文では〈スタビル〉、以下同様〕がバランスをとって揺れている。軽くて、動きがあって、ちょっとした空気の流れにも敏感に反応し、静止することのないオブジェだ。ペンダントの末端ごとに世界中の航空会社の模型飛行機が、それぞれの色のマークをつけて浮かんでいるではないか。オーストラリア、日本、カナダ、中国、アメリカ、アフリカ、インドネシア、ヨーロッパ諸国とあらゆる国家と言語のマークがある。

――やあ、また天使が飛んでいるね、とパントープが冗談をいう。

——天井に埋め込まれた釘のところに、例えてみれば、人類の最初の祖先がいるとしましょう。そこから一本紐が下がっている。それに硬い棒がついていて、長さがまちまちなのは、同じカップルから生まれた子供や兄弟姉妹を区別しているの。この棒の一番上にアベルとカインがいて、その点から別の息子がでて、そこに別の棒が結びつけられ、そこからさまざまの枝が下がっている、とくり返すわけね……

——さっき壁の上でシミュレーションした系統樹と同じ構造を作ったわけだ。

——壁紙の地図ではなく、この部屋の空間でね。

——どんな差異があるというのさ。

——パントープ、大変なものよ。どうぞドアを開けてください。

おそらく感じられないほどではあるがかすかな空気の流れが入ってきたのであろう、ただちにその動きがあれこれの棒をその結び目のまわりに回転させる。全体としてそれは不規則で微細な、十か二十かの小回転をする回転木馬か騎馬パレードのようである。腕を軸にして、ぶらぶらした何本もの手をぐるぐるまわしているようでもある。

そうすると、モダン・バレーかクラシック・バレーのように、隣り合った飛行機の模型がお互いに遠ざかり、もっとも遠い位置にあった模型が近寄ってくる。静かにアフリカ機が日本機のほうに飛び、スイス機がチリ機のほうに向かい、英国機がアイルランド機とだいぶ離れて待機している。

——みごとでしょう。さっきあなたが手をいっぱいに広げて測った、あのひどく離れた距離がちぢまって無くなってしまうし、そうかと思えば昔から近かったものがふっと離れていくわ。

——双子が別かれわかれになり、敵対した文化が縁組し、混血児が生まれるぜ。

——本のページの上に系統樹をおくと、わたしたちはみんな離ればなれになってしまう——そして平面的な形によって欺かれてしまうのよ。系統樹を空間のなかに置くと、このようにみんなが出会うのね。雑多な言語の入り混じっている下でも、人々はみな同じひとつの言語を話しているのではないかしら。

——ここで、嵐が轟々と鳴っていた夜明けから、天使がどこにいるのか、パントープ、いってみてよ。飛行機の中ですか、それとも空気の息吹の目に見えない翼の上かしら。わたしたち、男や女のあいだかしら、それともわたしたちのほかのだれかか、自然のなかか、機械のあいだかしら。

人間たちのつくりだすロンドによって、空港の行列みたいだけれど。アジア人がスペイン人と、ヒンズーの人々がフェゴ島〔南米大陸南端の島〕の人々と混じり合う、自分の国に止まらないでお互いに千マイルも離れたところで。

——なるほど、さきほどなぜきみが恋のロンドを歌ったのか分かった。

——ロンドを踊っているのを見たでしょう。

——われわれはだからみんな兄弟か従兄弟だね。もはや梯子は一個だけあるのではない。無数の円環しかも交錯する円環があるのだ。上下の階級ではなく、あるのは隣人なのだ。軽蔑ではなく公平がある。不正はもはやなく、あるものは相互の訪問だ。

小さな飛行機が隣り合って頭を並べていて、衝突することは絶対にない。

——わたしは知らなかったけど、哲学的機械が存在したとか……

——……平等化して、そして神々製造を妨げるためだけのね。

——もう一息ね、と彼女が笑いながら付け加える。

あの模型飛行機のかわりに人間をただ置いたりしないで、自然のあらゆる種を加えたらどうかしら。そうすれば小さな飛行機たちのロンドのなかで、女性はモクセイソウに、海のカモメに、蛇の岩に近づき……こうして世界中が近づくわ、その深い具体的な現実性をもって。

——しかし双子は別かれて旅にでなければならない。息子は母親と別れ、狼はその巣穴を去るのが望ましい。

——パントープ、ちょっと。わたしはまた始めるわよ。人間とか、種とか、模型飛行機とかの代わりに、今度は人間の身体の要素をおいてみるわ。さまざまの機能、器官、組織、細胞、酵素、分子など、後は忘れたけど……要するに現代科学が分析と分解によってあの同じ系統樹の中に分離していったものだわ。

さあ、小さな風車よ、回転してちょうだい……そうすると混じり合ったものが現れてくるわ。毎朝わたしが治療するとき実際に出会うもの、同じひとつの位置にあって、筋肉と、神経と、骨と、組織と、作用と器官の混じり合ったものが。

生物学は、さまざまの区別の操作をおこなって、ひとつの精密な科学、有効で、一般的で、そして死んだ科学を創出するの。医者のほうは、生物学の区別したものを混ぜ合わせることによって生きた個人を処置するのよ。わたしはこのまぜもの、渾然としていて、しかも目立たないから、専門医の目にはうつらないけれど、開業医の現実であるものを、肉体と名づけたいの。受肉《インカネーション》無くして知識なんかありえないわ。

――ピア、いったいどうして神学が聴診器の前に舞い戻ってくるんだい、とパントープは高笑いする。

――例のシャンデリアからは強烈な光がさしてくるよ。ピア、と彼は続ける。炎も言語もないが、あれは光を運ぶものかルシフェルだ。しかし悪い光は発しない。いかなる種類の灯明ももたない。

――純理的で合理的なほのかな光の集合よ。珍しいものでしょう。秩序とも分類とも矛盾しない混合が完成したのよ。逆に、普遍的な理性が散乱と破裂に順応する、つまりそれを生み出しさえするし、観察された具体的なものを楽しむのよ。

混合をしなくては統一世界《ユニヴェール》はないわ。

――そして逆も真なり。この混合作用から生じた雑色はその配分の法則を垣間見させるんだ、障害になるなんてとんでもないことさ。

経験的なものである肉体は抽象作用の極致なんだ。

空港はだからきみのあの小さな機械のように、群衆や諸言語を配分しながら混ぜ合わせるんだ。

——……空港だけとは限らないわ、パントープ。しかしそれはどこよりもはっきり、人生がどうなるかを見せるし、世界も素顔を見せるわ。ものすごく混乱しながらも、そのみごとな整然たる秩序を見せつけることをやめないじゃありませんか。

ふたりは通路の群衆から離れて、混雑しているカフェテリアの前で立ち止まる。ピアは湯気を上げているカップを前にしたまま立ち、思いにふけりながらいう。

——もしわたしがコーヒーに砂糖を入れるとしたら、わたしってコーヒーはなにも入れないのが好きなのだけど、ときにはスプーンでかき回しながらカップの中の渦巻きを見て、〈モビル〉の小さな飛行機、ぐるぐるまわれまわれといってみたいのかな。

——……砂糖が溶けるのを待ちながらかい……

——……だって天使たちも人間もシャンデリアみたいにぶらさがっている模型飛行機も、空気の流れの天使たちによって、予想もできないやり方で回転しながら、目に見えないごく薄いさまざまの実体を、多数のスプーンをつかって部屋の透明な空間の中で混ぜ合わせるのよ。

——あるいは、ここのバーのように、五大陸、二十の言語、十の宗教を混ぜ合わせる。

——この混合は時間がかかるわ。

——あるいはむしろ、時間を作り出しているね。たとえば、人間の混じり合いが彼らの歴史そのものを作るのだし、結局人間はそれで明快に説明されるね。

——まぶしくて見えないわね。だれでも戦争や戦闘が歴史を作ると思っている。〔コルネイユの悲劇の〕

オラース一家とキュリヤス一家の対決みたいに……だれもサビーヌ〔オラースの妻、キュリヤスの妹〕とカミーユ〔キュリヤスの許婚、オラースの妹〕というふたりの犠牲者のことは眼中にない。敵となった兄弟を愛し、そのあいだに子供までできていたのに。これこそ混合であり、時間であり、進化であり、前進であり、進歩でしょう。

彼はびっくりして彼女を見る。彼はフェミニストになるべきだったのだろうか。

――牡は分離し、牝は混ぜるのさ、と彼はいう。

彼女は唖然として彼の顔をまじまじとみる。

――あの機械がものごとを混合するか、あるいはものごとが〈モビル〉を回転させるか、お好きなように。系統樹の幹から遠く離れて枝が密に生い茂ることも、その豊かに茂った枝が開かれていることも、わたしは見たわ。それはまた空気の渦巻きに捉えられて、ねじられたり揺さぶられたり、まるでサイクロン圏内にあるようね。そのとき離ればなれの枝や葉むらが出会い、平手打ちを食わされたり、愛撫されたりするわ。

――ピア、今度はぼくの始める番だ。知識を分類してごらんよ。社会学者と女性の宇宙物理学者がいるとしよう。後者はずっと高いところを観察し、前者は人間の目の高さで観察する……ふたりは、そのあいだの距離が離れているにもかかわらず、いつか出会うことがあるだろうか。ふたりが愛し合うには認識のどんな嵐が吹かねばならないか。

――いったい理性が具体的な世界を再発見するために、理性がどんな雷雨を必要としているかということね。


医療センターのほうにもどりながら、ふたりは出発と到着の表示板の前を通る。

——ピア、きみには降参だよ。諸国民と諸言語を混合するこういった機械を見たまえ。

——全部ではないわ、パントープ。ほど遠いわよ。

床に座っている乞食に小銭をめぐみながら。

——旅行者なんかおよびもつかないほど多数の困窮者こそが世界の人類なのよ、パントープ。なによりもあの人々が永遠不滅なの。彼らのことを絶対に歴史は語らなかったけど。時間を生産する人々は、あの人間たちとは全然混じり合わないのよね。

セラフィム

——どうしてそんなにたびたび旅行するの。

——ここにいないためさ。ぼくが出発する所にぼくがいると思っているひとはそこにぼくを見つけることはないし、ぼくの行く先にいると思っているひとも同じさ。だれにとってもぼくはこの世に不在さ。

——逃亡しているわけ。

——彷徨も消滅も隠遁もわくわくするね。ぼくは出発する、しかしそこに止まるのは次の出発までの時間だけさ。

——そんなことといっても、ここにいるじゃない。

——ぼくに引っ込めというの。

——そんなこといってません。

——ついでにぼくは僕自身の不在を学んだよ。

——どんな狙いがあるの。

――もっとよく見て、聴いて、注意して、理解して、見つけるためさ。ぼくが実際にいなければそれだけぼくは考えるんだ。

――飛行機みたいにあなたは飛ぶんだわ。パントープ。飛行機はいないところにいて、それがいるところにはいないのよ。あれって存在ではなく、関係だわ。

――なぜきみは他人を治療するのかね、ピア。

――患者一人ひとりが強烈に存在するから。苦しみがひどければひどいほど、そして不安がませばますほどね。そのかわり、わたしとの対話で患者が楽になるためには、わたしがここにいることを忘れてもらわなければならないの。

――だってきみはここにいるじゃないか。

――わたしの職業上、消えることが必要なの。今朝あなたが研究者とメッセージ伝達者についていったように。閉じこもりたいという同じ欲求によってわたしはこの仕事を選んだの。考えれば考えるほど、わたしは存在しなくなるわ。

――きみは今あるきみではなく、きみではないところのきみである。きみはあたえる者なんだね、ピア。

沈黙。

彼は黙って考えた。

――ぼくは人生を旅客ターミナルや、待合室や、コンコースや、海辺で、涙を流さんばかりにして、せかせかと、忙しく、気を配っては、席の温まるひまもなく、四六時中旅行のコースを探し、それをたどり、それから離れたのだった。途方にくれて到着を待ち、乗り換えを待ち、出発を待ち、逃亡を待った。なぜこの生活は目がまわるほど忙しいんだ。明日はバルセロナとか、パンタン〔パリ近郊〕とかヴァルパライソ〔チリ中部の港〕だというよりも、なぜ去年はニューヨークだったんだ？　なぜぼくは今朝パリに帰ってきたんだ？　わが家に帰ることさえ追放なのだろうか。なにをしに、だれに会いに来たんだろう？　だって不幸はよそでも同じだし、空間はいたるところ同じ味がするし……世界、ぼくの通過、ぼくの喪失、ぼくの忘却、ぼくの無関心、ぼくの放浪と希望の孤立、ひとりぼっちのぼくの道連れは地球なんだ。

ピアはまるで彼の内緒のことばを聞いていたかのようにやさしくいう。

——あなたは空港が生活の場なのよ、乗り換えと通過の場所で、いつも雑多な群衆と混じり合うのがあなたの人生なのね。

——きみも同じ空港で生活しているじゃないか。あらゆるひとが隣人としてふれあう場だし、めったに同じ人は通らない、他人だけしかいない場所だよ。

——おそらくわたしたちは存在していないのかも知れないわね。

しばらくして。

——音のしない靴底の靴をはいて、静かに歩きたいという情熱を感じたことがあるかい。まるで風にのって歩くようにさ。だれにも気づかれずに通っていく、だれもこなかったように、ものごとを元のままにして立ち去るのは、ひとつの技術だね、とつぜん透明になり、白衣よりも白く、世界の空気のように空虚で純粋で輝くんだ。

——……風にからだを通り抜けさせたいという熱烈な情熱ね、焼けつく熱によって、それとも冷たい空間によって……

——長い間黙りこくって、だれにも正体を知られず、できるだけ場所をとらないでいたいという情熱だね……そこを他人の対話がすりぬけていく。

——……身体やことばや影を消してしまい、なにごとも無とみなし、自己を隠し、自己を軽くし、飛んでいけるのは上品な楽しみね……

黙る。

沈黙のなかを天使が通る、無言の飛翔、主体の消滅。

——フランス語の隠す cacher という動詞はラテン語の考える *cogitare* から転化したんだよ、だれも気をつけていないけど。

——身を隠す人は考えるのかしら、それとも考える人がなにかを隠すのか、あるいは自分を隠すのかしら。

——たちまち軽薄になることばをもちいて、しばしば虚しくなるものごとを考えるより、ぼくは空虚のなかで生きたい、時間に身をゆだねて、影のなかにうずくまり、静寂に耳をかたむけてさ。パロールは自分が言わんとするイデーをその音で追い払ってしまう。ところがぼくの隠れているくぼんだ形は思惟で溢れかえっている。横丁の名もないホテルの薄暗い部屋にじっとしていると、だんだん静寂と闇とが満ちてきて、ぼくは存在しなくなる。だからそのあとで死が不意に訪れてきたところでもうぼくはもぬけのからなのさ。

ふたりのうちどちらも相手を見ない。だれが話しているのか。

——ぼくは旅をすればことばを変えるし、郷に入れば郷に従うさ。通路の水溜りか風みたいにね。外国語はシャワーのお湯みたいに皮膚の上を流れるだけさ。それなのにきみはぼくが幽霊か影法師みたいに移動し、さまよっていると思い込んでいるんだな。

——からだの具合の悪い人に特有の患者の臭いと、苦しみのどん底にある人の喉の音が、わたしの中に入ってくるのよ。

——ぼくが旅行したのは、とどのつまりぼくの無と再会するためなんだ。ぼくの身体は外国語を学ぶたびに抵抗したので、自分を忘れ、夢中になり、宙に浮き、飛び上がることはできなかったんだ。

——わたしは患者の体の中にわたしを溶け込ますためにしか治療してこなかったわ。

感動の瞬間。

——きみは存在しているんだね。

——あなたと同じくらいわずかだと思うけど。

そのとき、ことばに出さなくとも、ふたりの愛が通じた。

会話の糸口がほどけて話がまた始まった。

——ネットワークの世界によって、きみはいたるところにメッセージを運ぶ天使を見るし、いつでも天使の声が聞こえるといってぼくを説得したよね、ピア。天使の働きのお蔭でこの世界はとてもすばらしく機能しているんだ。

——しかしこの世界的なメッセージ伝達システムを通していうべきものを、わたしたちは本当にもっているのかしら。

——不正な上下階級を無数に構築するひとは、権力と栄光、暴力と不幸だけを称揚することだろうな。

——そういうネットワーク関係は、人間の愛の欠如を歌わないとしたら、なんの役にも立たないわね。わたしたちは、歓喜も懇願もなく、同情も完璧な歓喜もなく生きることができるのかしら。

——病気はみな愛を憎むことから生じるのかい。

——むかしの天使が人々をとても愛してくれたのは、もともと同情によって必要とされた役割のためね。つまり守護、保護、旅人の案内、夢や夢想のための走り使い、死に瀕した人の付き添い、福音の告知……のためなのね。科学や法律の厳密さと、メディアによるコミュニケーションについての巨大な投資は、反世間的な関係をつくったのね。いいえ、わたしたちはもはや愛を愛していません。きびしい時代、味もそっけもない世紀、石の時間だから。

——きみは人間を愛しているよね、りっぱなお医者さん。

——あなただって世界を愛してますよね、学のある旅行家さん。

——だったら飛行機に乗ってラブラドール〔カナダ東部〕の上空を通過してごらんよ。無数のひだをつけた巨大なスカートの下、紫紅色の北極の日の出のころに……明晰判明なきみの頭に、物理学が磁場やトラップにかかった微粒子を口述しているとき、無数の天使が天頂から落ちてくる。同じ頭の上に美しいシャワーのように、群れをなし滝のように落ちてくるさ、その驚異に感動の涙を流すことだろうな。アロン湾〔ベトナム、トンキン湾の一部〕の火山の形成を知ることは、きみがおとずれる群島の迷路や、命を左右しかねない天候の変化とが、きみにあたえる胸の高まりを止めはしない。ぼくは島々をみてゲノムがそこに振りまかれたんじゃないかと思ったくらいだ。

われわれの理解力が足りないために、自然認識が超自然的な魅力をどれほど幻滅させているのだろうか。

地理学はイロワーズの海域〔ブルターニュの西方〕でむしろわれわれの恍惚感を増幅する。聖霊はある種の人々の上に降ってその人を預言者にするといわれている。しかし肝心のその詩篇のことばは地上の岸辺や岩山から立ちのぼるんだ。シンバルのための古めかしい楽譜の中よりも、疾風と潮騒の基調音から常時湧き上がるあの叫びを、ぼくははっきり聞き取っているよ。

——どちらがわたしたちに上手に話すかしら、ものの叫びと人間の作品では。

——世界によって生み出されたから理性と感動はつながっているのさ。

——つながっているの。

——海洋学を学んだところで、凍った大洋に氷山を分娩する灰色の氷原や氷河を前に、注意力が一瞬魅了されることを妨げはしないよ。プレートの構造地質学は強力な地震が腹の中で解放する熱狂を抑えつけるだろうか、深紅色の火口をもつエトナ山や、熱帯の雲の層を突き抜けて静かな大空にまっすぐ上る噴煙の飾りをつけたマレーシアの火山群や、ストロンボリ〔イタリア南部の島〕火山〔八二六メートル〕の黒い円錐丘、富士山の清らかな幾何学への登攀が、そのつど新たにする感激を抑えたりするだろうか。外洋の只中で大きな台風に出会ったことがあるかい。オーストラリアの黄土色と緋色の砂漠を今まで越えたことがあるかい。あの現実の風景は抽象絵画そっくりだよ。

——科学は世界のすばらしさを増やすというの。

——科学は世界の魅力を再現するし、繰り広げるし、細部を究め、増やしてくれるね。幾何学と物理学を学んだにすぎないぼくでも、逆風の中で叫んでいる大勢の天使に出会ったよ。手にもったツゲの枝で大海原を叩いていたっけ——おお神よ、あれはなんと痛い打撃だったことでしょう——それにまたぼくは子供のころはずっと天使を恐れていた、たぶん堕ちた天使だが。その邪悪さときたらぼくらの川を増水させて親父の舟を何艘も呑み込んだ、いやな雨を何か月も降らせたり、三月に雪解け水を急に流したりしてね。ぼくらは野放しの悪意あるデモンに四六時中おびやかされていたんだ、働くときも寝るときも。フィリッピンの農民がピナツボ山〔ルソン島、一七四〇メートル〕の不実なとげの下でいま稲を作っていたり、バングラデッシュの農民が鉄砲水で水没する危険をおかしているのとまったく同じだった。

——人間もまた前触れなしに行為を逆転するでしょう。卑劣漢が慈善家になったり、天使と悪魔のように。

——精神的でかつ情け容赦なし、これが風だね。火は熱烈でしかも焼き尽くす、洗礼をおこなう水は溺死者を呑み込む、大地は養い育てはするが死者を呑み込む。

やさしい天使の風は帆をいっぱいに張るのに、デモンは家を吹き飛ばす。一方は保護し暖めるかと思えば、他方は悪魔的に焼きつくす。水と大地は渇きや飢えをいやす保護者だが、ひとを殺し息の根を止めることもある。だから世界のこの二面性を愛するんだ、ピア。

——二面的な人間を愛せよ、パントープくん。

——その上、デモン、卑劣漢、いやな奴も愛さなければならないのか。

——むしろそういう人をこそだわ。天使でも、むしろ堕天使を。支配的な獣の下に立派な生き物が眠っているのよ。

——ただ世界の美しさだけが神を信じさせてくれるんだ、ピア。

——人間のつくる美しい作品や良い仕事だけが同じ道にあなたの仲間をつれてくるのよ。


彼はしばらく待ってからおもむろにいう。

——動物、樹木、岩石というふうにかぞえると……地球の住人というか構成要素がだんだん古くなる。意識が野獣のこころのなかで見えなくなるとき、あるいは運動が停止するとき、動物相から植物相へと時間は流れを遡る。動物から植物へ、そして植物から冷たい岩石へと。

人間は年齢を加えていっても、せいぜい獲得する老いた記憶は百歳に満たない、もっとも、他の人は読書によって数千年に及ぶような記憶を加えることがある。しかし、黙って立ち止まり、動物や植物や岩石を長いあいだ眺めることのできる人々は、数十億年を遡り、究極の真理、動物にことば《パロール》を失わせ、植物に運動を失わせ、鉱物にいっさいの生命活動を失わせたあの真理を獲得する。

こうして、時の始まったときから、断崖や、山脈や、湖沼は、動かず黙然としてみじろぎもせず、みずからが停止したとき割り当てられた大地の部分を眺めている。それから樹木がそこに根付き、それからはもはや動くことはなく、動物もそこではわれわれを忘れ黙ってしまう。すべての老人は、世界の美を前にすると、ぼくのように、石になってしまうのさ。

ところで、眺めて、沈黙して、じっとしているために、世界のこういう住民たちはこの三つで美という窮極の真理を組み立てるのだ。

ぼくがやがて立ち止まるとき、ぼくがペンと呼吸を、熱烈な欲求とことばを、直立の姿勢とふるえを永久に捨てるとき、世界の美の中に入ってそれを増やすのだ。

ピアはいう。

——作者 auteur は増やす人 augmentateur を意味することを知っていたの。

——だから成長する作品しか書かないことにしよう。

彼は続ける。

——しかし都会に閉じこもってしまったら、それから世界を見るのはだれかな。ピア、世界の全体を愛したまえ。世界の美しい顔と醜い脇腹を。われわれは最近になって初めてその全体像を見たんだ。

——パントープ、人類全体を愛しなさいよ。だってあなたの地球はやっと寄せ集められ、そのメッセージ伝達システムも、地球が統一するようにはじめて働きかけているのだから。

――すると人間とものはひとかたまりになり、そのあいだでメッセージをやり取りするのだろうか。

――わたしたちふたりのあいだみたいに。

――どういう意味だい。


ふたりは長いあいだ静かに黙っていた。あたかも天使が本当に通過し、平安な知らせを運んできたかのように。


――ぼくはひと並みに臆病だけど、きみにどうしても言っておきたいことがある、それはぼくの大好きなことだ。

そうさ、ぼくはすごく旅行した、それほど世界が好きなんだ、たいていは美しいところだったよ、多くの場所で生活したし、多くの状況を経験した、戦争はしょっちゅうあったし、平和はごくまれにしかなかった、飢えも貧乏も知ったし、ぼくが働かなかったことは記憶にないくらいだ……

……しかし帳尻を合わせてみれば、この短い人生で本当に貴重な瞬間はかぞえるほどしかないね。ぼくは想像するんだが、ぼくみたいにそこに戻るためにになら余生とひきかえてもいいというひとは、きっと愛の中に入っていくだろうね。肉体がその聖性を語るセラフィムの瞬間だ。それはつまりつぎのようなものだ。

つねに再生しそして時間を生産する愛だけが、子供‐天使だけが、持続しても目減りしないんだ。われわれが愛の中で生き、あるいは愛がわれわれの中で生きているかぎりはね。かつてぼくは若々しい愛の中で考えていた、それ以後愛の青春はぼくの中で活発に働いているよ。

若さがあるのはただ愛によるのだし、強く建設的な成人がいるのはただ愛のためだし、老いと知恵はただ愛を目指すのみだし、善意と独創性という唯一の価値ある美徳が存在するのは、ただ愛によって、愛とともに、愛の中でだけなんだ。

身体が生まれ、動き出し、自己を形成するのは、もっぱら愛によってだし、脊柱がまっすぐなのはただ愛のためだし、侮辱された骨が欣喜雀躍して立ち直るのはただ愛によるのだし、血液がめぐり、足が駆けだし、腕が上げられ、筋肉が緊張し、神経が張り詰め、関節がのびるのは、ひたすら愛に向かってなのだ。細胞が増殖し、あるいは結合し、あるいは停止するのは愛の法則に従ってだし、心臓が鼓動するのは愛があるためだし、脳が高い調子で機能するのもただ愛によるのだ。毛髪が逆立ったり、抜け落ちたり、白くなったりするのはもっぱら理性によるが、愛の不幸によることもある。口蓋が開き、舌が動き、喉がつまるのは、ただ愛の前にいるときであり、汗と涙が流れるのは肌も目も愛が満ちているときだ。叫びが胸の底からほとばしるのはただ愛とともにだ。すすり泣きが、絶望とともに、報いのない期待とともに訪れるのは、ただ愛の及ばないところだけだし、音楽は愛とともにしか空から降りてこない。愛以前に懇願があり、愛のあとに感謝に満ちた歓喜がひざまずく。セックスは愛がなければゼロだ。味気ないボール紙と影法師との取りとめもない生活が流れ澱むのは、愛の行為がないか、またはつぎの愛の行為までのあいだか、新しい愛を望んでいるためか、過去の忘れがちな思い出の中にひたっているか、いずれかだろう。記憶と健忘症が始まるのはただ愛のあとだ。想像が飛びまわるのは愛の上か愛の下だし、さまざまの罪が犯されるのは、ただ愛のためかあるいは愛に逆らってだ。陶酔に達するのは愛のあいだでしかない。――認識のなかにはまず最初に愛から湧き出なかったようなものはなにもないし、認識をしても愛がなければ、あるいは愛を除外すれば、悲しみしか存在しないのだ。われわれの時間、空間、思想、感情、行為は、ただ愛とのかかわりにおいてのみ生じる。生があるのは愛にもとづくのだ、あるいは愛に従ってのみ生はあるのだ。われわれが他者に触れ、おそらくわれわれ自身と触れるのは、ただ愛にもっとも近づいたときだ。しかもわれわれは、死ぬ間際に愛が止むのか、あるいはそのとき愛が本当に始まるのか、けっして知ることはできないだろう。

――……死ぬ間際ではなくて愛する間際ではないの、と彼女は笑いながらいう。

――どんな思想も愛がなければ無価値さ。愛がなければなにもいうことなどないんだ。愛は土台だから支え、耐え忍ぶ。愛は火であり、エネルギーだから動き、感動させ、変化し、変容させる。メッセージを運び、メッセージが聞かれ、理解され、飛びそして魅了する。愛はとどのつまり哲学だ。

世間並みの臆病者だが、ぼくは、ピア、きみを愛しているとあえて言わせてもらうよ。

――天使たち、大天使、ケルビムは、と彼女はいう、音を、音楽を、歌を、ことばのメッセージを、実体のないテクストを、ことばを、文を、言説を、コードを、紙を、風を運ぶ。この使節たちがついに黙ったとき、聖なることばが肉体となるのね。

真実のメッセージは人間の肉体そのものだわ。意味は身体よ。

――もしくは世界だ。

——愛は肉体的なものよ。

彼女は話している彼のことばを聞いているのだろうか、それとも彼女が自分というこの男に話しているのだろうか。彼女の話を聞きながら、彼は決めかねていた。いったい両翼が、彼を八つ裂きにして、彼の骨盤と胸郭を押し広げ、力んで音を立てているその骨格のあいだで空間が突如広がったのか、それとも翼が彼の前のこの女の四肢を白く大きく拡大したのか決めかねた。

いずれにせよふたりは互いに結びつくや否や立ち上がる。

わたしがあなたを愛することをあなたが愛するようにわたしは愛する、とふたりはいう。わたしはあなたがわたしの中に見いだす喜びの中にわたしの喜びを見いだす。

ふたりは互いに相手をテオドール、ドロテ（いずれも原義はテオス（神）とドロン（贈物））と呼ぶように決めたのだろうか。なぜならふたりのうちどちらが、神が相手をくれたと思っているのか、相手が最初に神をくれたと考えているのか、決めるのを忘れたからである。

ふたりとも生まれ変わってセラフィムの三角形の中に入っていく。

真夜中

クリスマス

航行中の飛行機から無線が入った。無理な状態でイスラエルから搭乗した無謀な妊婦の客がいて、上空で陣痛が始まったのだ。飛行機が着陸する。

ピアは到着ゲートのほうに駆けて行く。

そこでピアは立ち止まる。目の前で繰り広げられた情景にびっくり仰天したのだ。

つま先だって覗きたがる群衆の目を遮るために、応急の処置としてスチュワーデスたちは産婦を、そのおそい時間にはもう閉じていたタクス・フリーのブティックのなかに置かなければならなかったのだ。カリフォルニアとブラジルの農業品評会に行ってきたバスクの羊飼いたちが羊の皮で寝床をしつらえた。イラクから学会のためにきた天文学者と化学者が香を焚いた……分娩がはじまってしまった……店頭の商品が崩れて、ぬいぐるみの動物が床一面に転がる、ロバ、牛……ひとりの男が妊婦のほうに身を傾ける、裸の小さな赤ん坊が懐中電灯の光の中で輝いた。

足をとめたままピアは考える。
――平凡な知覚と恍惚感とのあいだに、このような光景と楽園のあいだ、人生の偶然と永遠の幸福のあいだ、この名もない場所と王宮のあいだ、味気ない具体的な現実とすばらしい物語のあいだに、メシアと町の子がいる……

……ころがるサイコロよりも、湯気よりも、風のそよぎよりも繊細で軽いもの、羽毛、原子、微粒子のもっともわずかな移動よりも微細な、自由な意図よりも捉えがたい差異は、つねにわたしたちから逃れて、無限に小さく、涙のきらめきにも等しいほどだ。

すばらしく強力で説得力のある経験は、究極の経験だといえそうだし、それによって死を思い、あの世にさっと行ってしまうこともできそう。あの世……といってもそれはここかも知れない。

生まれたのかしら、と彼女は思った。

若い母親は青ざめ、出血している。彼女は腹部が圧迫されているといった。胎便によって汚れた子供は、わら製の動物のおもちゃとおがくずの入った人形のあいだで泣き叫んでいる。ロバと牛はよだれを混ぜているように見える。夜がふけて冷えてきた。

ピアはひざまずく。こどもの父親とおぼしき男が震えながらへその緒を切る手助けをした。ピアは彼が大工だと思う。手を使う一人前の労働者なみに、手のひらがずしりとして、強く、器用であって、しかも絹のような木目が押されていたからである。それは枝肉の大きな塊のようで、木目と節《ふし》の切り方によって、ばら色と白い色と匂いが変わる母なる物質なのだ。

羊飼いたちはチーズを提供した。

毛皮とわら、母と息子、群衆に混じった動物、人間ともの、この情景において圧倒的なのは肉体である。

空港のほうから音楽が聞こえてきた。物見高い群がりのざわめきを圧して響いてきた。

新生児と産婦のそばでいそがしく立ち働きながらもこの小部屋が窮屈なので、ピアはひそかに思った。

――わたしは戸外で、山の中で、田舎で、海岸で暮らすのがいいわ、見晴らしがいいもの。都会は延々と続く壁と町並みで人間の視界を狭めてしまい、閉所恐怖症にしてしまう。空間が広々としていると、このような牢獄でさえぎられた視線の不安が癒されるわ。

あの地方を一望できる丘の上を散歩していたとき、ずっと離れた所から女の人の呼ぶ声が聞こえたので、すっかり忘れていたむかしのことが呼び覚まされ、長い記憶がよみがえった、きのうのことだけど。田舎で過ごした子供のころの数年が思い出された。あのころは人々の声が地平線のはるかかなたから子供たちを呼んだものだわ。わたしたちの聴覚空間ものどかな無限の広さに達していたのね。

甲高いエンジンの音の廃棄物と、ひっきりなしの工業的音楽まがいのものが、全空間の所有を果たして以来、だれもあんなに遠くから人を呼ばなくなった。人間の声が世界から締め出されている。音の壁がわたしたちのメッセージを遮断し、そして戸外においてさえも狭い聴取範囲に止まるように束縛する。視覚がさえぎられ、聴覚がふさがれ、わたしはここでどうすればよいのかしら。

人々は田舎から天使をすべて追い払ってしまったので、もはや彼らが天国の賛歌を歌うことはない。

天使は今晩なにを歌うだろうか。メッセージを運ぶもの、賢者と迷った個人の保護者、思慮深い王と堕落した王の助言者、専制君主国とかエゴイストの村の犠牲者と悲惨な者の助言者、これらみんなが地球全体を救済する責任のある集合なんだ。小部族、国民、地方、これらが集まり、討論会をする。あらゆる土地から、すべての方角から、思考の速度でやってくる。どんな遠い過去からも、福音に突然目覚めてやってくる。ついに天使たちよりも有能な媒介者に天使自身の責任を押し付けることができて、有頂天になってやってくる。なぜなら天使たちは世界を集団や個人によって改宗させる企てに大昔から失敗してきたのだから。

天使の失墜はどうして起こったのだろうか。

そうなんだ、とピアはひとりでうなずく。天使の知能のせいなんだわ。風のように軽く、電撃的、光のように素早くそしてきらめき、稲妻のようにまばゆく、飛び交い、抽象化し、優雅で、温和で、文才と機転にあふれ、音楽、才知、間髪を入れぬ即答、善意さえも……つまり純粋主義《アンジェリスム》がたっぷりとつまっているからだ。

鼻持ちならない。

天使たちのメッセージは少しも届きはしない。なぜなら天使たちには身体が欠けているから。つまり彼らは知識人なのだ。

クリスマスの新しい賛歌を口ずさみながら、天使たちは逆に肉体の栄光を歌う。謙虚になろうと気にしすぎて、一回限りのことだから習慣にはなるまいと、都市の天使的な知識人は田舎の空間をあの奇妙な知らせで満たす。それ以後、彼らのメッセージは廃れ、蒸発し、空虚になり、それ以後の時間には重い身体に場所を譲ることであろう。その身体は今ここでただそれだけが聖言となる。肉体とは、その汗と胎便、その血とよだれ、ろばと牛の動物性、木と牛乳、わらと堆肥、三人の羊飼いの贈り物、生みの女親の苦しみにほかならない。

聖言はもはや砂漠の中の叫びではない、燃え上がる予言あるいは聖書の詩篇、音楽、連禱、モテット〔ポリフォニーによる宗教的声楽曲〕、交錯した翼のたてる音、コード化され、送られ、配達され、受け取られ、解読されたメッセージ、強調された言説や単語、成文法、記号、意味、意味されるもの、意味するもの、言語活動、言語、注解、解釈……これらはすべて天使的なものだ……しかし聖言は肉体である、そう、肉体そのものは本当に、別の母親から産み落とされたのであり、神の生命と知能と現存がびっしり詰まっている。

神が別個に肉体の中にすみ、血によって続くのではなく、血と身体が神を象徴するのでもない。そうではなくて、神が肉体であり、そして肉体が神なのである、まったく同一なのだ。

天使たちはいつでも言語をいい続けることができるだろう。天使たちはメッセージを書き、歌い、運び、あるいはコード化し、シンボルを区別し続けるだろう、そして悪魔は注釈家が注解するみたいに、教師然として講義しつづけるだろう……しかしこれからは彼らの役割は二次的となり、彼らの時代は閉じて終わりをつげる。なぜならメッセージは、ここに、この場所に、この住まいに、この動物小屋の中に、馬や牛のこの秣桶の中に、感知しうるものの匂いのある明白な内在性のところに、揺籃にあるからである。

現代の都市は、おしゃべりで、ことばづかいにうるさく、厳格で、メッセージを伝達し、宣伝に熱心であるが、事実の代わりに音響やイメージによる再現をあて、もはや子供を産ませず、生物の種を破壊し、動物を去勢して共同住宅で飼える動物しか保護せず、生命とはなにかを問うことはもはや実験室だけにまかせ、愛をほったらかしにして、セックスをパソコンや精神医学をあいだにおいて論じるかと思えば、筋肉や心臓を軽視し、抽象的な処方にしたがって運動やダイエットを始める……天使の権力、能力、スピード、不在だけが頭を占めている。

世界中あらゆるネットワークが飢えを叫び、身体の恐るべき欠落状況において受肉への渇望を吠え立てている。結局福音を求めているのだ。メシア、メッセージとは内在する肉体なのだ。それはみずからの手でみずからを救う。

彼女はこの最後のことばを声高にいった。

それに対して学者のひとりがいった。

――ぼくの知る限り、この肉体はなにもぼくに教えなかった。肉体を理解するために、というよりそれを説明するために、われわれは肉体を機能に分解した、器官、細胞、分子に……

――分かってます。しかし医者が出会うのは肉体以外にはありません。現実の、いろいろなものが混じった、骨の上の血管や神経など、ぎっしり詰まった、具体的な、生きた、個人差のある、憎しみで苦しみ、恋には素早い、ここでは生まれたばかりの状態ですが……

――神学的な夢だな、と彼はいった。

――かけがえのない経験でもありますわ。ひとりの患者がわたしにいいます。ぼくはここが痛むんです、といって彼が示す体の局所は、さまざまの組織、細胞と機能が入り混じっているところです。あなたはこの局所についてはわたしに絶対になにもいってくれません。

——あなたはわれわれが分析するものをごちゃ混ぜにしている。思いちがいだ。

——実験室ではあなたは生命を失っていますよ。生命がわたしに要求することは、生命を元気にすることであり救うことです。

——あなたは生命を理解していない。

——では病人たちをどのように理解するんですか。

——あなたは病人になにも説明しないんですね。

——でもわたしは病人を楽にしてやります。肉体を愛さずにどうしてできましょう。こういう混成体、複合体、混合体、接合体……炭素と窒素、希土類と金属、器官と機能、汗と乳、金、香と没薬、火と信号、忘却と記憶、学者と羊飼い、スペイン研究者とアラブ人、群衆の中の個人、コミュニケーションのネットワーク。そこには調査の帳簿に登録しようとしている人々と会議や討論会に参加する人々がさまよっている。雑多で多種多様な多数、これらの出会い、そのなかにわたしたちの出会いもふくまれる、こういうものをなんと呼べばいいのかしら、心貧しき肉体、豊かな人間への愛とでもいうほかない……そこから今朝わたしたちが出発したし、そして今夜、神々しいものを再発見しました。

彼はまったくプライベートなこの結論を全然理解できなかった。彼はいらいらしてさえぎる。

——ほら赤ちゃんを渡しますよ、と彼はいった。

ピアは腕に抱き取った。

ふいにパントープが現れ、若い産婦を医務室のほうに案内する。牡牛のようにたくましく鳥のように身軽なバスク人たちに抱えられながら、産婦は子供を抱いたピアについていく。イラクの学者たちが人垣を掻き分けて通してくれ、ひとつの行列がかたちづくられた。

ありきたりのバックミュージックが続いている。

――だれの子か知らないけどこの子に栄光あれ、とピアの耳にパントープがささやく。

――栄光なんてなんになるの、と彼女がいう。

――群衆にとって意味はあるさ、大昔からそうだよ、新興都市も旧都市も暴力で死に絶える。そしてそれはおそらくただ栄光名誉のためだよ。対抗意識、戦争、拷問、圧迫、虐殺が、名誉という垂直な梯子の上から垂れ流されている。傲慢な顔と圧政下の顔、西側の神々と南側の人間の上にそれを読み取ってごらんよ。

彼は二つに分かれた群衆を示す。

――悲しいわね。でもなぜ殺し合うのかしら。

――名誉があたえる力のため、そして権力が提供するちっぽけな見栄のためさ。

――彼らが永久平和条約に署名すれば、悪の問題は解決できるのにね。

――実現不可能な夢さ、楽園のユートピアだよ。

――それならなんで休戦なんかするの、人間の戦争が名誉のために人間を荒廃させるのなら、もはやだれも名誉を欲しがらないようにすべきじゃない。

――不可能だ。ただ名誉のためにのみ生きている精神病者の割合は時代によって変わることはないよ。多少とも整合的な歴史で、名誉という強力な接着剤がないものがあったらお目にかかりたいね。

――こんなペストみたいなものが摘出できないので、その価値に到達不可能としておくのかしら。

――ではやってごらんよ。

――一家の父親は子供たちが小さいころ、ジャムや薬のビンに手が届かないように、一番高い戸棚の上に食欲の対象や下痢の危険のあるものをのせるでしょう。

――しかし子供は抜け目がないから踏み台にのるぜ。そこでゲームが始まりいつも親父は負けるのさ。禁じものをどんなに高いところにのせても、それに挑戦する者がそれを上回るのさ。警官と泥棒は銃と鎧のゲームを知っているよ……きみだって人のいい親たちみたいに負けるね。

――おあいにくさま。絶対最上級の勝利戦術には役割逆転ですむのよ。押し込み強盗がどんなに高く這い登っても、名誉はいつもその先にあって、張り出している。お目当てのものは天の最高の次元に *in excelsis* 置かれているからだれも手がとどかないのよ。

――いと高きものとは神様のことをいうじゃないか。

権力と名誉はただ神のものよ。

――人間の手が届かないものなのか、やっと分かったよ。

――人間の中ではだれもそれを手に入れることができないとしたら、平和が戻ってくるわけでしょ。人間にはもはや殺し合ういかなる理由もない、なぜってだれもこれからはこの最高峰に近づけないのだから。

――天国の最高の位置におられる神に栄光あれ、地上において善意の人間には平和をもたらしたまえ。もしわれわれの意思が大いに善良で、超越的な不在者にのみ名誉を与えようと全員が合意すれば、そのときは平和に暮らせるんだね。

――そのとおりです。

――それは、今日われわれが昇ったり降りたりするあらゆる梯子、いい梯子にも、とくに悪い梯子にも、一点から無限大まで最大値を与える。

――あなたはそんなふうに複雑なことばでいうけど、それはとても簡単なことなのよ。うぬぼれ屋が無理してどんなに首を高く伸ばしたところで、踵はみんなと同じレベルから離れることはないし、頭は神の栄光にはるかに及ばない低さなのだから。

――複雑か単純か、いずれにせよそれが今日の締めくくりだね。上下の位階制はみな崩壊だ。

――すると、神々製造機、暴力と戦争を同時に生産したあの機械が停止するのね。

したがって悪の問題のこの唯一の解決策は、神の存在の証明にいたるだけではなく、神の位置の必然性や、今日わたしたちを支配する多神教への反証にもなるわけね。

もっぱら平和の条約だけを基礎づけている唯一の神とその独占的名誉というものがなければ、万人の万人に対する戦いは激烈になり続けるのよ。

二人はガブリエルの遺体が安置されている医療センターにつく。

――受難と生誕が同じ日に一緒に起こったね、と彼はいう。

——あら、そうね、驚いて彼女は答える。復活をお祝いしましょう。

その間に物怖じしない、お祭り好きの羊飼いたちは、ラグビー選手みたいな肩をゆすって、バスクの山の歌を大きな声で歌い始めた。

解題《レジャンド》

読者。

——なぜ今どき天使たちに関心をもつべきなのですか。

著者。

——なぜなら現代の世界はメッセージ伝達システムを中心に組織されており、たったひとりで欺いたり盗んだりするヘルメスという使者よりも、天使たちの方が数も多いし、より複雑で、しかもずっと洗練されている使者だからです。

天使はそれぞれひとつか複数の関係を担っています。ところが関係というものは無数に存在しており、しかも人々は毎日数十億もの関係を新たに作っています。でもこういった関係の哲学がわれわれには欠けているのです。

それでは、事物や存在のネットワークを組織する代わりに、込み入った道路図を描いてみましょう。天使たちはわれわれの新しい世界の地図をせっせと描いているのですよ。

――あまり複雑な問題に入る前に、セールさんのご本を分かりやすくするための鍵を示してくださいませんか。

――天使自身がマスターキーですから、もっといいもの、鍵輪をくれますよ。

――鍵束ですか。

――使者である天使は、空間も、時間も、城壁も乗り越えるし、閉まっているドアを守ったり、見張ったり、通過したりします。天使の行く手をさえぎるものなんかありませんから、天使について行けばいいんですよ。

――天使がとおるのはどんな段階ですか。

――「朝」の対話が段階のつながりとその機能をえがきだしています。つまりメッセージの伝達という天使の新しい仕事ですね。根気を要する歴史のもたらした最新の結果でもあります。そこから引き出される**都市**の体質は、新しく、垂直で、世界的ですが、天使的なものというか尊大なものがみられます。もっと穏やかなひとつの価値の**階梯**にしたがってメッセージが生産されます。その場合、使者たちの活動は、表面に出たり出なかったり、ぱっと目立ったり隠蔽されたりしますね。メッセージ生産者に対する**守護天使**の援助もとり上げます。最後に**前置詞**を論じます。要するに、それはメッセージの積極的な要素であって、メッセージ伝達行為そのものですが、伝達の担当者であり、それからメッセージ伝達のネットワークの結節となるものだからです。

――しかしそのような機能を果たすこと自体が、倫理的な問題を提起するのではありませんか。すでに都市のもつ不公平さやメッセージ伝達者の職業倫理《デオントロジー》にみられるように。

――**アンジェラス**の響きわたる時間である「真昼」に、生と死について不安な叫びが聞かれ、「午後」にはつぎのことが議論されます。世界はその流れとメッセージによって純粋主義《アンジェリスム》に向かっていること。インターチェンジというか**ケルビム**がメッセージ伝達のシステムを全世界的に拡大しており、またそのことによって世界は平等化、適正化および混合、つまり均質であると同時に落差の大きい混合に向かい、したがってそれは公正さに行きつくべきなのです。ところがその反対の、さらに多くの**けだもの**じみた悪に、**偽の神々**に、**悪魔的な憎悪**に、よりいっそう強圧的な**権力**や**支配**の階梯の形成に、苛酷な不公平にと向かっており、過去のあらゆる先例よりも悪くなっていますね。それはどんなわけなのか。

以上がおそらく悪の問題が今日どうして出てくるかを示しています。

――なぜそうなるのですか。

――なぜなら、現代の万能な科学と有効で信頼に足る技術が、われわれを自分たちの運命の責任者にしてしまったからです。

――そうするとわれわれもまた天使なのですか。

――われわれは光の速さでお互いコミュニケーションをとり、音速で移動し、われわれのことばは他者と世界を変容させているではありませんか。

――それでは悪はどうですか。

――天使の失墜ですよ、われわれの失墜も悪を登場させます。

天使の失墜は賛成と反対を逆転するような奇妙な動きを見せます。風の強さや四大要素がそれを感じさせてくれますね。それは守護天使の出現や消失をつかさどり、必然性を示すのですが、しかし守護天使の悪意も示すのです。美女を獣に、犠牲者を加害者に、卓越した人間を汚辱の神々に変える……そこから裁くことの極度の難しさが起こるのです。合金の成分を分離するのに金貨を半分に切るようなことしかできないのですからね。

——最終的にはあなたは裁くことをなさらないのですか。

——サタンというヘブライ語の名詞は、フランス語でいうならさしずめ、訴追官というか検事です。メッセージ伝達は告訴の行為になることがあります。

——分かります。観客としてですが、わたしは毎日こういう裁判沙汰に立ち会わされています。

——だから、事件にさっさとけりをつけ、有罪としたり投獄したりするよりも、**慈愛**によって扉を開けるほうがいいと思いますね。

——セールさんの鍵はどのようにしてこの扉を開けるのですか。

——天使は精妙な技巧を駆使して、ものと人間と道具の働き方を理解させてくれると同時に、道徳という稀有なものも述べてくれます。そこでこの日は正午において分かれる二幕があるわけです。

——ついにおっしゃってくださるんですね、解決策を。

——それは「夜景」と「真夜中」の章でだされます。明るい天体がないために、サタン的ではない**灯明**の薄明りのもとでね。それはぐるぐる回って混合をおこなう〈モビル〉です。**慈愛**とまったく同じように必要欠くべからざる本当の正義が、融合した**セラフィム**の恍惚とした愛に導くし、そしてとくに、「クリスマス」の晩にもっとも単純で貧しい人々のあいだで新生児をめぐって、最低のレベルでの低い点における平等に導いていくのを見せてくれます。それをこの本では「夜明け」において**大天使**と呼びました。

こういった平等というか公正さの分野は、気まぐれな風の流れにしたがって、また偶然に同じ問題に舞い戻ってきます。正午前に小さな娘アンジェリックによって予告された新生児が、医療センターで死ぬガブリエルと出会ったりするものの、権力と名誉という垂直で横柄な価値の階梯のもたらす不公平と不正の問題を解決するのです。

神のことばがみずから肉となるとき、純粋な言語の使者である天使は、すべての名誉を、権利上最高位にある方にお渡しして引き下がります。だから目に見えなくても天使は超然恬淡という使命をもっているのです。

——その普遍的な合鍵のおかげで、セールさんは開かれた書物を書いたわけですか。

——気密性のある小さな部屋が潜水艦や水門のなかにあるために、空気中でも水中でも、あるいは導水路から次の水路まで、通過できることを知っていますか。

——気密室ですか。

——だから想像しうるあらゆる気密室が合鍵だと思ってください。これが天使の普遍性です。

——自慢していないで、鍵の形を示してください。

——あなたは毛髪のあいだや、皮膚の上や、目の前や、耳の中で、光の斑点のような直感や、何百万もの面をもったミラーボールや、高所の川から轟々と落ちる滝や、無数の粒子を吹き付ける突風を感じたことがありませんか。

読者は啞然としていう。

——ぼくはまた分からなくなってしまいました。それは外観のことですか。

——出現と消滅がまったく一緒におこるのです。

——光ですか。

——そうです、同時にそれは風の流れであり、自然のあらゆる流動でもあります。

——人間のことですか。

——ええ、彼はひとつの名前をもつこともあります、ラファエルとかガブリエルとかミカエルとか。

——ときどきしかもたないんですか。

——そうです、というのは、たいていそれは増殖して無数の集合になっているからです。個体化されれば話をします、コーラスでは音楽をやりますし、歌も演奏しますが、大勢になると騒音になるのです。

——すると、それは集団と個人のあいだで揺らいでいるんですね。

——天使の大集団が無数に群がり、軍団となり、部隊となり、行列をなし、分列行進をする……カオスが少しずつ秩序付けられ、そこから時折個性的なものが浮上する。天使たちは途方もなく長い梯子とか川を上ったり降ったりする。それにそって神のことばが肉付けされていき、それからざわめきと、音楽と、お告げと対話のあいだで具体化し、肉体を持つにいたるのです。

——精霊《エスプリ》たちですか。

——そうです。

――観念《イデア》ですか。

――それでもあります。観念とは偶像であり、観念は偶像の名称をもつのです。ところで天使は偽の神の痕跡を宿しているといわれます、それで天使が失墜すると物神になるのです……観念はだから精霊のはじまりです……

――それで風の息吹はどうですか。

――つねにそうです。大きな風は、つねにより軽い何十億の粒子として繰り広げられており、ちりぢりにばら撒かれ、いたるところで接触している流量ですが、それらの流れによって全世界を結ぶ気体の輸送手段なのです。

――それは物理的自然ですか精神的自然ですか。

――両方です。大洋、大気、風土の中を動いている流量、星座の中の軍団、精霊とメッセージ、地上的でしかも非物質的な、かつては愚かにも分けられていたこの二つの領域は、彼らによってふたたび結びつけられ、分離しえないものになるのです。

――知能をもつのですか。

――もちろんです。人間や、事物や、世界や、利口で精巧な機械と同じです。

――肉体をもつのですか。

――そうなることもあります。しかしクリスマスの夜に天使たちはみんな一緒に集まります。新しい仲介者の受肉を祝うために。

――こういう古い仲介者たちは、すると現代の電報配達や郵便配達、翻訳家、代理人、ニュース解説者……現代の新しい仕事をする大勢の人々の姿を表しているんですね。

――まったくそのとおりです。

――しかしまた、光ファイバーやネットワーク相互を接続するために作られたあのインテリジェントな機械や、切り替え、区分けの仕事もですか。

――もちろんです。まだまだありますよ。ケルビムはいくつもの身体をもち、物質的、生体的、人間的、人工的、あるいは観念的な……インターチェンジであり、気密室であり、鍵であり……こういうものは理解し、生産するために、とても都合の良い新しい概念なのです。

――個でありかつ多数、姿を表しては消える使者、目に見えるものであり見えないもの、メッセージ内容とメッセージ伝達システムをつくりだし、精神で身体、精神的で物質的、両性具有でかつ性を持たないもの、自然的で技術的、集団的で社会的、無秩序で秩序ある状態であり、騒音、音楽、言語の製造者であり、媒介者、交換器、世界の事物と人為現象の中に広まった知能……である。セールさんのいう天使はとうてい把握できかねます。その上、時と次第によってはすごく悪いものになるんですから。

――天使の形は、一般的にいってなんにでもかなり適応できます。だからそれはもっとも難しいブラックボックスをあけるマスターキーなのですよ。しかも形の豊富さは今あなたが並べたもののさまざまな意味を融合するから、現代という開かれた書物を読むのに役立つのです。現代の抽象的科学と現実化された科学、ハードウェアとソフトウェアのテクノロジー、われわれの具体的で一過性の活動を読みやすくしてくれるんです。

逆にいうと、現代科学やわれわれの活動は、こうした天使のむかしのさまざまの形に新しい光を投げてくれます。しかもそれが妙にわれわれわれに近い姿なんです。二つの鏡を向かい合わせると白光と色彩においてて明度がますとでもいったらいいかな。

だからミラーボールや光の斑点のあの単純な直感から始めなさい、それからまたもどればいい。

——その直感は意味が縺れてこんぐらかった結び目を作るんじゃありませんか。

——この縺れがすばらしい気密室かインターチェンジなんですよ。あなたは、哲学のことばの意味が、語彙辞典によって区別されるか詳細に説明されたら、よく捉えられると思いますか。ああいう辞典はきめが粗くて肝心なものが抜けてしまうのですよ。

——そうしますと、ああいう天使の姿は、たとえば認知科学とか言語哲学の論文から、あなたを解放してくれるのですか。

——ほっとしますね。

——倫理学はどうですか。

——天使の失墜を見たでしょう。

——労働の社会学はどうですか。

——とりわけ有給休暇のときにね。

——地球物理学と気候学はいかがですか。

——天使たちは労働者かオペレーターであり、彼らが人間の世界も、技術的世界も物質的世界も構築しています。

——コスモロジーは。

——まだ発生したばかりの状態です。

——神学はいかがですか。

——神さまのもとへ行け（出航）。

——神学はするとなにもいわないのですか。

——特権的な同業者団体を、恐ろしい用語を駆使して保護するための、じつに醜いあんな分野なんか放っておきなさい。哲学は崩壊するといわれている今日ですから、われわれは新たに起源の時代を生きていることになります。哲学の代わりに、巨大なしかも密接に連絡した光の塊が輝いていて、それを起源において捉えると五色に輝く光の急流があふれてきます。

——どのようにそれを表現し、説明し、描くのですか。

——わたしはそれをやってみましたよ。

——短編小説ですか、哲学的対話ですか、恋愛小説ですか、延々と続く宣言文ですか、三一致の規則に従った演劇作品ですか、映画のシナリオですか……

——あなたがそのなかの一冊でも読んでくれていたらいいと思います。あなたはアーク溶接をしたことがありますか。

——えーそれは……

——それは光の一瞬の輝きを生み出し、二つの金属の上にひとつの傷跡を残し、その色が青から赤いさくらんぼ色まであって、光の塊にもまたさきほどの直観にもかなり似ているのですが。

——いったいこの熱い融合によってあなたはまたなにを結合したり集めたりなさろうというのですか。

――要するに若干のものです。科学と貧しい人々、自然と諸文化、理性と諸宗教……

――しかし啓蒙思想がそれらを分離するようにわれわれに教えましたよ。

――……それにその間の局部的な相違も……

――しかしこの二十世紀は個別性を別個にバラバラに研究することをわれわれに教えました。

――……とどのつまり、一と多数ですね。

――しかし、つい昨日のことですが、多数がわれわれに一を禁じていたのですよ。

――まさにそのとおり、知識はたえまなく形と、肉と、内容と、光を変えます。

――新しい世界のほうに登りませんか。

――その労働者である天使たちの翼にのって。

――また降りることになるのでしょうか。

――それはあらかじめ備えておくべきことですね。

――あなたはまだ夢見ているんですね……実際、なぜあなたがあらゆるジャンルの使者でもって天使たちを作ったかわたしはよくよく分かりました。大小の首領たち、権天使、座天使、主天使、技術的インターチェンジ、現実のものとことばのもの、幾多のからだをもつケルビム、恋するものたち、最上階のセラフィム。しかしこの伝統的な天使の分類において、それを全部足すとメッセージ伝達システム全体をカバーするのですが、この場合、セールさんがなぜ最初から大天使アルカンジュをひとりの惨めなものとして出現させそして死なせるのか、わたしにはそのわけが理解できませんでした。

――なぜならアルケ archè はまた始まりを意味するし、また悲惨と排除は根源に存在し、そしてあたかも来るべき世界を予告するかのようだからです。ちょうど、死にいたる暴力が人間の歴史の土台をなすように。

——終わる前に最後の質問です。パントープとピアはどうなるんですか。

——ピアは世界の医者となりました。旅行をし、もはや国境を問題にしません。ところがパントープのほうは最近空港の仕事に任命され、彼女を待つことになりました。

ふたりがこういっているのを耳にしました。

——ピア、旅をしてなにを探すのだい。それともだれかを探すのかい。

——あなたはなにを待つの、それともだれを待つの、空港で、パントープ。

ほとんど異口同音に答えが返ってきました。

——わたしたちが見つけたのは、たとえ見えなくなっても、もはやわたしたちが失うことのできないものです。

訳者あとがき

まず本書の著者名と原タイトルをあげておく。Michel Serres, *La Légende des Anges* (Collection 〈Champs〉, Flammarion, 1999)

フラマリオン社刊「シャン」叢書の四四五にあたる。同書の扉にあることわり書きによれば「『天使の伝説』はフラマリオン出版社の《レジャンド》シリーズの一冊として多数の挿絵入りで一九九三年に刊行された。広く江湖に迎え入れられることを願ってテクストを再刊することにした」のである。つまり元版のほとんど各ページを飾っていた多数の写真と絵画の複製とそれにつけた著者のコメントを一切はぶき、またパラグラフの間に散在した一行空けの空隙も省略して、本文だけを新書判にしたのである。訳者としては元版の翻訳が望ましかったのであるが、諸般の事情によりそれは不可能なので、元版のパラグラフ間の一行空けだけを生かすことにとどめた。

なおこの元版は一九九五年に英訳され、『天使、現代の一神話』という題のもとに挿絵入りで刊行された。本書の副題はそれを参考にしたものである。

ところで、表題の「レジャンド」については元版のカバーにこう記されている。「レジャンドとは魔術的な力のあることばで、伝統的な民間説話や寓話的叙事詩、あるいはイメージを説明する文章を思い浮かべさせる。語源的にいえば、Legenda は「読まれるべきもの」であるが、また見習い、学習や発見を促すことばでもある。しかしこの語源をひっくりかえし、ligare「結ぶ」、「つなぐ」を呼びだすことにしよう。そしてまずひとつのレジャンドの中にさまざまのつながり liens を作りだすものを見てみよう。語られる歴史-話《イストワール》によって、作者と読者の間、単語たちとイメージの間、世界の上にそそがれたさまざまの視線の間に織りなされるつながりを作りだすものを見てみよう。」

フランス語のレジャンドには伝説のほか、聖人伝の意味もあるし、メダルや硬貨などの銘、挿絵などの説明文、キャプションのほか地図などの符号を解説する凡例の意味もある。しかもセールは、本書の最後の章を「レジャンド」と題してセールみずから本文の解説をおこなうほどこの多義性を楽しんでいる。ちなみに本書ではこの章の題については「解題」という訳語をあててみた。

さらに元版のカバーにはこの『天使の伝説』そのものについても短い解説がつけてある。

「天使は、古代の伝説と同じように一神教的な諸宗教にとってもメッセージを運ぶものである。

ところで現代の科学や技術はコミュニケーションにかかわる多大の職業をうみだし、それとともに世界中を網羅するネットワークや限界のない都市をつくり、またたえまない移動をおこなわせ、新しいひとつの世界地図をえがきだしている。しかも無数のメッセンジャーによってたえずわれわれのもとに世界的規模の問題をもたらしている。

だがこの世界的規模のメッセージシステムは、筆舌につくしがたい不正と、増大する悲惨と、餓えと戦争と、反抗する不公平とをひきつれてくるのだ。

われわれのまわりには、よく見ればいたるところに天使の新しい伝説が実現しているのではあるまいか。インターチェンジとアナウンサー、ネットワークと移動、転落とデモン、能天使と主天使、慈愛の探索……

だからわれわれは知らないでいるうちに新しい文化を創造しているのではあるまいか。科学と法律と宗教を全部まとめて召集する文化、つまりわれわれの理性と正義の要求と愛の痛みとを渾然一体として結集する文化である」。

こういうキャッチフレーズがセール自身の手になるものかどうかはともかく、本書の大きな特徴を表明していることは明らかである。すでにふれたように著者みずから「解題」の章においても独自のやり方で内容を説明しているので、これ以上訳者が口をさしはさむことはひかえよう。

ここで訳者に要望されることはむしろ天使のそのものの説明であろう。ところが、キリスト教の天使の世界は神学上の複雑な論義の対象になっており、門外漢にはなかなか分りにくい。本書を理解するに必要な最小限のことについて記しておく。

天使の位階と名称

一、最上階

熾天使《セラフイム》　Seraphim

智天使《ケルビム》　Cherubim

座天使　Troni

二、中間の位階
　主天使　Dominationes
　力天使　Virtutes
　能天使　Potestates
三、最下位
　権天使　Principatus
　大天使　Arcangeli
　天　使　Angeli

補足的な説明をM・J・アドラー『天使とわれら』（稲垣良典訳、講談社学術文庫）にしたがって加えておく。

最上階にいる三種の天使は「第一の普遍的原理すなわち神から生じてくるかぎりにおいて、諸々の可知的本質を知っている」。

熾天使は「神の善を最高の明晰さをもって把握する」。

智天使は、神の善を「摂理の知識に従って観想する」天使であり、「事物の神的な原形のもつ第一の働く力を明確に捉えている」。

座天使は「玉座が法を司る力の象徴」であるように「神の審判の定めを考察する」。

以上の三天使は天使の有限な知性が「神の完璧な単純性を認識する三つの側面」を示す。

第二の位階は、事物の理念を神自身のなかではなく「数多くある普遍的原因のなかに見る」。

主天使は「多くの秩序づけを行う精神の存在」であり、この名は権威を意味し、命令を発する。

力天使はその命令を実行する。「一般的原因が数々の働きを達成するうえで失敗することのないように、必要とされる活用」をあたえる。「宇宙全体の働きを統轄」し、「天体の運動もこの階層」に属する。

能天使は、「すでにその結果において存在している摂理の普遍的秩序を、すべての混乱から守る」。秩序を乱すすべての悪の影響から守る。

第三の位階は「人間界の出来事を秩序づける」。

権天使は「民族や国家の共通的、一般的な善に特にかかわりをもつ」。

大天使は「個として個人にかかわりながら、同時に多数の個人にもかかわるような善」、つまり一般的であると同時に特殊でもある善をおこなう。「神から人への最も厳粛なメッセージを伝える」。

天使は「もっとも特殊な善、つまり個々人に、彼自身において、特殊的にかかわる善がある。この善の秩序は、厳密な意味で「天使」に委ねられている」。つまりこの天使が人々の守護天使なのであり、神のそれほど重要ではない告知をもたらす。

個々の天使がどの位階に属するかについてはいくつも説があり、同一の天使がいくつか異なった位階に登場するケースなどもあり、残念ながら整理したかたちでここに記すことはできなかった。

一方サタンについても詳しいことは分からないので最小限ふれておくことにする。サタンという名称の原語であるヘブライ語は、「反対者」あるいは「敵」の意味だといわれている。サタンおよび堕天使の罪については教義や教説も多岐にわたっているが、トマス・アクィナスによれば「一部の天使たちが堕落したという事実は、天使的本性がそのような状態で創造されたのではないことを示している」。だからもちろんサタンは神と互角に戦えるような存在ではない。「彼（サタン）は神のようになりたかったのだ」。つまり「彼は神の恩寵に依存する超自然的な至福を拒絶して、彼自身の本性の力のみによって得られる目標として、彼の究極の至福を求めた」のである。これが反逆天使の長ルシフェルの望みだったのであろう。その傲慢さは「ただ愛によって、神の恩恵へと開かれているべき心構えによってのみ手に入るものを、彼の本性的な力の行使によって所有しようとした」ことにある。

最後に、シャン叢書の裏表紙のことばをあげておく。「本書は科学と技術がコミュニケーションのネットワーク上に実現したさまざまの偉業と、メッセンジャーという意味の天使たちをもつ一神教的神学とを両立させる企てである。古いものと新しいものをこのように短絡させてみると類似がいくつもの美しい光を放ってくるのである」。

本書の光が元編集長・故稲義人氏のもとに届くことを祈念する。

編集部の松永辰郎氏には今度もまた色々と御苦労をおかけした。心から御礼申し上げたい。

二〇〇二年八月　水戸にて　及川　馥

《叢書・ウニベルシタス　747》
天使の伝説　現代の神話
2002年10月1日　初版第1刷発行

ミッシェル・セール
及川　馥 訳
発行所　財団法人　法政大学出版局
〒102-0073 東京都千代田区九段北3-2-7
電話03(5214)5540／振替00160-6-95814
製版，印刷　三和印刷／鈴木製本所

Printed in Japan

ISBN4-588-00747-5

著者

ミッシェル・セール（Michel Serres）

1930年フランス南西部アジャンに生まれる．海軍兵学校，高等師範学校を卒業．数学，文学，哲学の学位を取得．1958年からクレルモン＝フェランの文学部で10年間教鞭をとり，ライプニッツ研究で文学博士となる．1969年からパリ第一大学教授として科学史講座を担当．数学，物理学，生物学の研究の上に人類学，宗教学，文学等の人間諸科学に通暁する百科全書的哲学者としてフランス思想界の重要な一翼を担う．科学的認識と詩学とを統一的な視野に収め，西欧的思考の限界に挑む．『ヘルメス』5巻（1969-80）をはじめ，『ライプニッツの体系とその数学的模型』(68)，『青春　ジュール・ヴェルヌ論』(74)，『カルパッチオ論』(75)，『火，そして霧の中の信号―ゾラ』(75)，『ルクレティウスのテキストにおける物理学の誕生』(77)，『パラジット』(80)，『生成』(82)，『ローマ』(83)，『離脱の寓話』(83)，『五感』(85)，『彫像』(87)，『両性具有』(87)，『自然契約』(90)，『解明　M.セールの世界』(91)，『第三の知恵』(91)，『幾何学の起源』(93)，『アトラス』(94）など多数の著書がある．

訳者

及川　馥（おいかわ　かおる）

1932年生．茨城大学名誉教授．愛国学園大学人間文化学部教授．主著：『バシュラールの詩学』 訳書：セール『生成』『離脱の寓話』『両性具有』『第三の知恵』，『パラジット』『自然契約』(共訳)，トドロフ『はかない幸福―ルソー』，『他者の記号学』『象徴の理論』『象徴表現と解釈』『批評の批評』，ピカール『遊びとしての読書』（ともに共訳）ほか．

叢書・ウニベルシタス

				(頁)
1	芸術はなぜ必要か	E.フィッシャー／河野徹訳	品切	302
2	空と夢〈運動の想像力にかんする試論〉	G.バシュラール／宇佐見英治訳		442
3	グロテスクなもの	W.カイザー／竹内豊治訳		312
4	塹壕の思想	T.E.ヒューム／長谷川鉱平訳		316
5	言葉の秘密	E.ユンガー／菅谷規矩雄訳		176
6	論理哲学論考	L.ヴィトゲンシュタイン／藤本,坂井訳		350
7	アナキズムの哲学	H.リード／大沢正道訳		318
8	ソクラテスの死	R.グアルディーニ／山村直資訳		366
9	詩学の根本概念	E.シュタイガー／高橋英夫訳		334
10	科学の科学〈科学技術時代の社会〉	M.ゴールドスミス,A.マカイ編／是永純弘訳		346
11	科学の射程	C.F.ヴァイツゼカー／野田,金子訳		274
12	ガリレオをめぐって	オルテガ・イ・ガセット／マタイス,佐々木訳		290
13	幻影と現実〈詩の源泉の研究〉	C.コードウェル／長谷川鉱平訳		410
14	聖と俗〈宗教的なるものの本質について〉	M.エリアーデ／風間敏夫訳		286
15	美と弁証法	G.ルカッチ／良知,池田,小箕訳		372
16	モラルと犯罪	K.クラウス／小松太郎訳		218
17	ハーバート・リード自伝	北條文緒訳		468
18	マルクスとヘーゲル	J.イッポリット／宇津木,田口訳	品切	258
19	プリズム〈文化批判と社会〉	Th.W.アドルノ／竹内,山村,板倉訳		246
20	メランコリア	R.カスナー／塚越敏訳		388
21	キリスト教の苦悶	M.de ウナムーノ／神吉,佐々木訳		202
22	アインシュタイン ゾンマーフェルト往復書簡	A.ヘルマン編／小林,坂口訳	品切	194
23 24	群衆と権力(上・下)	E.カネッティ／岩田行一訳		440 356
25	問いと反問〈芸術論集〉	W.ヴォリンガー／土肥美夫訳		272
26	感覚の分析	E.マッハ／須藤,廣松訳		386
27 28	批判的モデル集(I・II)	Th.W.アドルノ／大久保健治訳	〈品切〉 〈品切〉	I 232 II 272
29	欲望の現象学	R.ジラール／古田幸男訳		370
30	芸術の内面への旅	E.ヘラー／河原,杉浦,渡辺訳	品切	284
31	言語起源論	ヘルダー／大阪大学ドイツ近代文学研究会訳		270
32	宗教の自然史	D.ヒューム／福鎌,斎藤訳		144
33	プロメテウス〈ギリシア人の解した人間存在〉	K.ケレーニイ／辻村誠三訳	品切	268
34	人格とアナーキー	E.ムーニエ／山崎,佐藤訳		292
35	哲学の根本問題	E.ブロッホ／竹内豊治訳		194
36	自然と美学〈形体・美・芸術〉	R.カイヨワ／山口三夫訳		112
37 38	歴史論(I・II)	G.マン／加藤,宮野訳	I・品切 II・品切	274 202
39	マルクスの自然概念	A.シュミット／元浜清海訳		316
40	書物の本〈西欧の書物と文化の歴史.書物の美学〉	H.プレッサー／轡田収訳		448
41 42	現代への序説(上・下)	H.ルフェーヴル／宗,古田監訳		220 296
43	約束の地を見つめて	E.フォール／古田幸男訳		320
44	スペクタクルと社会	J.デュビニョー／渡辺淳訳	品切	188
45	芸術と神話	E.グラッシ／榎本久彦訳		266
46	古きものと新しきもの	M.ロベール／城山,島,円子訳		318
47	国家の起源	R.H.ローウィ／古賀英三郎訳		204
48	人間と死	E.モラン／古田幸男訳		448
49	プルーストとシーニュ(増補版)	G.ドゥルーズ／宇波彰訳		252
50	文明の滴定〈科学技術と中国の社会〉	J.ニーダム／橋本敬造訳	品切	452
51	プスタの民	I.ジュラ／加藤二郎訳		382

				(頁)
52 53	社会学的思考の流れ（I・II）	R.アロン／北川, 平野, 他訳		I・350 II・392
54	ベルクソンの哲学	G.ドゥルーズ／宇波彰訳		142
55	第三帝国の言語LTI〈ある言語学者のノート〉	V.クレムペラー／羽田, 藤平, 赤井, 中村訳		442
56	古代の芸術と祭祀	J.E.ハリスン／星野徹訳		222
57	ブルジョワ精神の起源	B.グレトゥイゼン／野沢協訳		394
58	カントと物自体	E.アディッケス／赤松常弘訳		300
59	哲学的素描	S.K.ランガー／塚本, 星野訳		250
60	レーモン・ルーセル	M.フーコー／豊崎光一訳		268
61	宗教とエロス	W.シューバルト／石川, 平田, 山本訳	品切	398
62	ドイツ悲劇の根源	W.ベンヤミン／川村, 三城訳		316
63	鍛えられた心〈強制収容所における心理と行動〉	B.ベテルハイム／丸山修吉訳		340
64	失われた範列〈人間の自然性〉	E.モラン／古田幸男訳		308
65	キリスト教の起源	K.カウツキー／栗原佑訳		534
66	ブーバーとの対話	W.クラフト／板倉敏之訳		206
67	プロデメの変貌〈フランスのコミューン〉	E.モラン／宇波彰訳		450
68	モンテスキューとルソー	E.デュルケーム／小関, 川喜多訳	品切	312
69	芸術と文明	K.クラーク／河野徹訳		680
70	自然宗教に関する対話	D.ヒューム／福鎌, 斎藤訳		196
上・71 下・72	キリスト教の中の無神論（上・下）	E.ブロッホ／竹内, 高尾訳		上・234 下・304
73	ルカーチとハイデガー	L.ゴルドマン／川俣晃自訳		308
74	断　想　1942—1948	E.カネッティ／岩田行一訳		286
75 76	文明化の過程（上・下）	N.エリアス／吉田, 中村, 波田, 他訳		上・466 下・504
77	ロマンスとリアリズム	C.コードウェル／玉井, 深井, 山本訳		238
78	歴史と構造	A.シュミット／花崎皋平訳		192
79 80	エクリチュールと差異（上・下）	J.デリダ／若桑, 野村, 阪上, 三好, 他訳		上・378 下・296
81	時間と空間	E.マッハ／野家啓一編訳		258
82	マルクス主義と人格の理論	L.セーヴ／大津真作訳		708
83	ジャン=ジャック・ルソー	B.グレトゥイゼン／小池健男訳		394
84	ヨーロッパ精神の危機	P.アザール／野沢協訳		772
85	カフカ〈マイナー文学のために〉	G.ドゥルーズ, F.ガタリ／宇波, 岩田訳		210
86	群衆の心理	H.ブロッホ／入野田, 小崎, 小岸訳	品切	580
87	ミニマ・モラリア	Th.W.アドルノ／三光長治訳		430
88 89	夢と人間社会（上・下）	R.カイヨワ, 他／三好郁郎, 他訳		上・374 下・340
90	自由の構造	C.ベイ／横越英一訳		744
91	1848年〈二月革命の精神史〉	J.カスー／野沢協, 他訳		326
92	自然の統一	C.F.ヴァイツゼカー／斎藤, 河井訳	品切	560
93	現代戯曲の理論	P.ションディ／市村, 丸山訳	品切	250
94	百科全書の起源	F.ヴェントゥーリ／大津真作訳	品切	324
95	推測と反駁〈科学的知識の発展〉	K.R.ポパー／藤本, 石垣, 森訳		816
96	中世の共産主義	K.カウツキー／栗原佑訳		400
97	批評の解剖	N.フライ／海老根, 中村, 出淵, 山内訳		580
98	あるユダヤ人の肖像	A.メンミ／菊地, 白井訳		396
99	分類の未開形態	E.デュルケーム／小関藤一郎訳	品切	232
100	永遠に女性的なるもの	H.ド・リュバック／山崎庸一郎訳		360
101	ギリシア神話の本質	G.S.カーク／吉田, 辻村, 松田訳	品切	390
102	精神分析における象徴界	G.ロゾラート／佐々木孝次訳		508
103	物の体系〈記号の消費〉	J.ボードリヤール／宇波彰訳		280

				(頁)
104	言語芸術作品〔第2版〕	W.カイザー／柴田斎訳	品切	688
105	同時代人の肖像	F.ブライ／池内紀訳		212
106	レオナルド・ダ・ヴィンチ〔第2版〕	K.クラーク／丸山，大河内訳		344
107	宮廷社会	N.エリアス／波田，中埜，吉田訳		480
108	生産の鏡	J.ボードリヤール／宇波，今村訳		184
109	祭祀からロマンスへ	J.L.ウェストン／丸小哲雄訳		290
110	マルクスの欲求理論	A.ヘラー／良知，小箕訳		198
111	大革命前夜のフランス	A.ソブール／山崎耕一訳	品切	422
112	知覚の現象学	メルロ=ポンティ／中島盛夫訳		904
113	旅路の果てに〈アルペイオスの流れ〉	R.カイヨワ／金井裕訳		222
114	孤独の迷宮〈メキシコの文化と歴史〉	O.パス／高山，熊谷訳		320
115	暴力と聖なるもの	R.ジラール／古田幸男訳		618
116	歴史をどう書くか	P.ヴェーヌ／大津真作訳		604
117	記号の経済学批判	J.ボードリヤール／今村，宇波，桜井訳	品切	304
118	フランス紀行〈1787, 1788&1789〉	A.ヤング／宮崎洋訳		432
119	供　犠	M.モース，H.ユベール／小関藤一郎訳		296
120	差異の目録〈歴史を変えるフーコー〉	P.ヴェーヌ／大津真作訳	品切	198
121	宗教とは何か	G.メンシング／田中，下宮訳		442
122	ドストエフスキー	R.ジラール／鈴木晶訳		200
123	さまざまな場所〈死の影の都市をめぐる〉	J.アメリー／池内紀訳		210
124	生　成〈概念をこえる試み〉	M.セール／及川馥訳		272
125	アルバン・ベルク	Th.W.アドルノ／平野嘉彦訳		320
126	映画　あるいは想像上の人間	E.モラン／渡辺淳訳		320
127	人間論〈時間・責任・価値〉	R.インガルデン／武井，赤松訳		294
128	カント〈その生涯と思想〉	A.グリガ／西牟田，浜田訳		464
129	同一性の寓話〈詩的神話学の研究〉	N.フライ／駒沢大学フライ研究会訳		496
130	空間の心理学	A.モル，E.ロメル／渡辺淳訳		326
131	飼いならされた人間と野性的人間	S.モスコヴィッシ／古田幸男訳		336
132	方　法　1．自然の自然	E.モラン／大津真作訳	品切	658
133	石器時代の経済学	M.サーリンズ／山内昶訳		464
134	世の初めから隠されていること	R.ジラール／小池健男訳		760
135	群衆の時代	S.モスコヴィッシ／古田幸男訳	品切	664
136	シミュラークルとシミュレーション	J.ボードリヤール／竹原あき子訳		234
137	恐怖の権力〈アブジェクシオン〉試論	J.クリステヴァ／枝川昌雄訳		420
138	ボードレールとフロイト	L.ベルサーニ／山縣直子訳		240
139	悪しき造物主	E.M.シオラン／金井裕訳		228
140	終末論と弁証法〈マルクスの社会・政治思想〉	S.アヴィネリ／中村恒矩訳	品切	392
141	経済人類学の現在	F.プイヨン編／山内昶訳		236
142	視覚の瞬間	K.クラーク／北條文緒訳		304
143	罪と罰の彼岸	J.アメリー／池内紀訳		210
144	時間・空間・物質	B.K.ライドレー／中島龍三訳	品切	226
145	離脱の試み〈日常生活への抵抗〉	S.コーエン，N.テイラー／石黒毅訳		321
146	人間怪物論〈人間脱走の哲学の素描〉	U.ホルストマン／加藤二郎訳		206
147	カントの批判哲学	G.ドゥルーズ／中島盛夫訳		160
148	自然と社会のエコロジー	S.モスコヴィッシ／久米，原訳		440
149	壮大への渇仰	L.クローネンバーガー／岸，倉田訳		368
150	奇蹟論・迷信論・自殺論	D.ヒューム／福鎌，斎藤訳		200
151	クルティウスージッド往復書簡	ディークマン編／円子千代訳		376
152	離脱の寓話	M.セール／及川馥訳		178

				（頁）
153	エクスタシーの人類学	I.M.ルイス／平沼孝之訳		352
154	ヘンリー・ムア	J.ラッセル／福田真一訳		340
155	誘惑の戦略	J.ボードリヤール／宇波彰訳		260
156	ユダヤ神秘主義	G.ショーレム／山下，石丸，他訳		644
157	蜂の寓話〈私悪すなわち公益〉	B.マンデヴィル／泉谷治訳		412
158	アーリア神話	L.ポリアコフ／アーリア主義研究会訳		544
159	ロベスピエールの影	P.ガスカール／佐藤和生訳		440
160	元型の空間	E.ゾラ／丸小哲雄訳		336
161	神秘主義の探究〈方法論的考察〉	E.スタール／宮元啓一，他訳		362
162	放浪のユダヤ人〈ロート・エッセイ集〉	J.ロート／平田，吉田訳		344
163	ルフー，あるいは取壊し	J.アメリー／神崎巌訳		250
164	大世界劇場〈宮廷祝宴の時代〉	R.アレヴィン，K.ゼルツレ／円子修平訳	品切	200
165	情念の政治経済学	A.ハーシュマン／佐々木，旦訳		192
166	メモワール〈1940-44〉	レミ／築島謙三訳		520
167	ギリシア人は神話を信じたか	P.ヴェーヌ／大津真作訳	品切	340
168	ミメーシスの文学と人類学	R.ジラール／浅野敏夫訳		410
169	カバラとその象徴的表現	G.ショーレム／岡部，小岸訳		340
170	身代りの山羊	R.ジラール／織田，富永訳	品切	384
171	人間〈その本性および世界における位置〉	A.ゲーレン／平野具男訳		608
172	コミュニケーション〈ヘルメスⅠ〉	M.セール／豊田，青木訳		358
173	道　化〈つまずきの現象学〉	G.v.バルレーヴェン／片岡啓治訳	品切	260
174	いま，ここで〈アウシュヴィッツとヒロシマ以後の哲学的考察〉	G.ピヒト／斎藤，浅野，大野，河井訳		600
175 176 177	真理と方法〔全三冊〕	H.-G.ガダマー／轡田，麻生，三島，他訳		Ⅰ・350 Ⅱ・ Ⅲ・
178	時間と他者	E.レヴィナス／原田佳彦訳		140
179	構成の詩学	B.ウスペンスキイ／川崎，大石訳	品切	282
180	サン=シモン主義の歴史	S.シャルレティ／沢崎，小杉訳		528
181	歴史と文芸批評	G.デルフォ，A.ロッシュ／川中子弘訳		472
182	ミケランジェロ	H.ヒバード／中山，小野訳	品切	578
183	観念と物質〈思考・経済・社会〉	M.ゴドリエ／山内昶訳		340
184	四つ裂きの刑	E.M.シオラン／金井裕訳		234
185	キッチュの心理学	A.モル／万沢正美訳		344
186	領野の漂流	J.ヴィヤール／山下俊一訳		226
187	イデオロギーと想像力	G.C.カバト／小箕俊介訳		300
188	国家の起源と伝承〈古代インド社会史論〉	R.=ターパル／山崎，成澤訳		322
189	ベルナール師匠の秘密	P.ガスカール／佐藤和生訳		374
190	神の存在論的証明	D.ヘンリッヒ／本間，須田，座小田，他訳		456
191	アンチ・エコノミクス	J.アタリ，M.ギヨーム／斎藤，安孫子訳		322
192	クローチェ政治哲学論集	B.クローチェ／上村忠男編訳		188
193	フィヒテの根源的洞察	D.ヘンリッヒ／座小田，小松訳		184
194	哲学の起源	オルテガ・イ・ガセット／佐々木孝訳	品切	224
195	ニュートン力学の形成	ベー・エム・ゲッセン／秋間実，他訳		312
196	遊びの遊び	J.デュビニョー／渡辺淳訳	品切	160
197	技術時代の魂の危機	A.ゲーレン／平野具男訳	品切	222
198	儀礼としての相互行為	E.ゴッフマン／広瀬，安江訳	品切	376
199	他者の記号学〈アメリカ大陸の征服〉	T.トドロフ／及川，大谷，菊地訳		370
200	カント政治哲学の講義	H.アーレント著，R.ベイナー編／浜田監訳		302
201	人類学と文化記号論	M.サーリンズ／山内昶訳		354
202	ロンドン散策	F.トリスタン／小杉，浜本訳		484

				(頁)
352	倫理・政治的ディスクール	O.ヘッフェ／青木隆嘉訳		312
353	モーツァルト	N.エリアス／青木隆嘉訳		198
354	参加と距離化	N.エリアス／波田，道籏訳		276
355	二十世紀からの脱出	E.モラン／秋枝茂夫訳		384
356	無限の二重化	W.メニングハウス／伊藤秀一訳		350
357	フッサール現象学の直観理論	E.レヴィナス／佐藤，桑野訳		506
358	始まりの現象	E.W.サイード／山形，小林訳		684
359	サテュリコン	H.P.デュル／原研二訳		258
360	芸術と疎外	H.リード／増渕正史訳	品切	262
361	科学的理性批判	K.ヒュプナー／神野，中才，熊谷訳		476
362	科学と懐疑論	J.ワトキンス／中才敏郎訳		354
363	生きものの迷路	A.モール，E.ロメル／古田幸男訳		240
364	意味と力	G.バランディエ／小関藤一郎訳		406
365	十八世紀の文人科学者たち	W.レペニース／小川さくえ訳		182
366	結晶と煙のあいだ	H.アトラン／阪上脩訳		376
367	生への闘争〈闘争本能・性・意識〉	W.J.オング／高柳，橋爪訳		326
368	レンブラントとイタリア・ルネサンス	K.クラーク／尾崎，芳野訳		334
369	権力の批判	A.ホネット／河上倫逸監訳		476
370	失われた美学〈マルクスとアヴァンギャルド〉	M.A.ローズ／長田，池田，長野，長田訳		332
371	ディオニュソス	M.ドゥティエンヌ／及川，吉岡訳		164
372	メディアの理論	F.イングリス／伊藤，磯山訳		380
373	生き残ること	B.ベテルハイム／高尾利数訳		646
374	バイオエシックス	F.ダゴニェ／金森，松浦訳		316
375 376	エディプスの謎（上・下）	N.ビショッフ／藤代，井本，他訳	上・ 下・	450 464
377	重大な疑問〈懐疑的省察録〉	E.シャルガフ／山形，小野，他訳		404
378	中世の食生活〈断食と宴〉	B.A.ヘニッシュ／藤原保明訳	品切	538
379	ポストモダン・シーン	A.クローカー，D.クック／大熊昭信訳		534
380	夢の時〈野生と文明の境界〉	H.P.デュル／岡部，原，須永，荻野訳		674
381	理性よ，さらば	P.ファイヤアーベント／植木哲也訳		454
382	極限に面して	T.トドロフ／宇京頼三訳		376
383	自然の社会化	K.エーダー／寿福真美監訳		474
384	ある反時代的考察	K.レーヴィット／中村啓，永沼更始郎訳		526
385	図書館炎上	W.シヴェルブシュ／福本義憲訳		274
386	騎士の時代	F.v.ラウマー／柳井尚子訳		506
387	モンテスキュー〈その生涯と思想〉	J.スタロバンスキー／古賀英三郎，高橋誠訳		312
388	理解の鋳型〈東西の思想経験〉	J.ニーダム／井上英明訳		510
389	風景画家レンブラント	E.ラルセン／大谷，尾崎訳		208
390	精神分析の系譜	M.アンリ／山形頼洋，他訳		546
391	金《かね》と魔術	H.C.ビンスヴァンガー／清水健次訳		218
392	自然誌の終焉	W.レペニース／山村直資訳		346
393	批判的解釈学	J.B.トンプソン／山本，小川訳		376
394	人間にはいくつの真理が必要か	R.ザフランスキー／山本，藤井訳		232
395	現代芸術の出発	Y.イシャグプール／川俣晃自訳		170
396	青春　ジュール・ヴェルヌ論	M.セール／豊田彰訳		398
397	偉大な世紀のモラル	P.ベニシュー／朝倉，羽賀訳		428
398	諸国民の時に	E.レヴィナス／合田正人訳		348
399 400	バベルの後に（上・下）	G.スタイナー／亀山健吉訳	上・ 下・	482
401	チュービンゲン哲学入門	E.ブロッホ／花田監修・菅谷，今井，三国訳		422

				（頁）
402	歴史のモラル	T.トドロフ／大谷尚文訳		386
403	不可解な秘密	E.シャルガフ／山本, 内藤訳		260
404	ルソーの世界〈あるいは近代の誕生〉	J.-L.ルセルクル／小林浩訳	品切	378
405	死者の贈り物	D.サルナーヴ／菊地, 白井訳		186
406	神もなく韻律もなく	H.P.デュル／青木隆嘉訳		292
407	外部の消失	A.コドレスク／利沢行夫訳		276
408	狂気の社会史〈狂人たちの物語〉	R.ポーター／目羅公和訳		428
409	続・蜂の寓話	B.マンデヴィル／泉谷治訳		436
410	悪口を習う〈近代初期の文化論集〉	S.グリーンブラット／磯山甚一訳		354
411	危険を冒して書く〈異色作家たちのパリ・インタヴュー〉	J.ワイス／浅野敏夫訳		300
412	理論を讃えて	H.-G.ガダマー／本間, 須田訳		194
413	歴史の島々	M.サーリンズ／山本真鳥訳		306
414	ディルタイ〈精神科学の哲学者〉	R.A.マックリール／大野, 田中, 他訳		578
415	われわれのあいだで	E.レヴィナス／合田, 谷口訳		368
416	ヨーロッパ人とアメリカ人	S.ミラー／池田栄一訳		358
417	シンボルとしての樹木	M.ルルカー／林 捷 訳		276
418	秘めごとの文化史	H.P.デュル／藤代, 津山訳		662
419	眼の中の死〈古代ギリシアにおける他者の像〉	J.-P.ヴェルナン／及川, 吉岡訳		144
420	旅の思想史	E.リード／伊藤誓訳		490
421	病のうちなる治療薬	J.スタロバンスキー／小池, 川那部訳		356
422	祖国地球	E.モラン／菊地昌実訳		234
423	寓意と表象・再現	S.J.グリーンブラット編／船倉正憲訳		384
424	イギリスの大学	V.H.H.グリーン／安原, 成定訳		516
425	未来批判　あるいは世界史に対する嫌悪	E.シャルガフ／山本, 伊藤訳		276
426	見えるものと見えざるもの	メルロ=ポンティ／中島盛夫監訳		618
427	女性と戦争	J.B.エルシュテイン／小林, 廣川訳		486
428	カント入門講義	H.バウムガルトナー／有福孝岳監訳		204
429	ソクラテス裁判	I.F.ストーン／永田康昭訳		470
430	忘我の告白	M.ブーバー／田口義弘訳		348
431 432	時代おくれの人間（上・下）	G.アンダース／青木隆嘉訳		上・432 下・546
433	現象学と形而上学	J.-L.マリオン他編／三上, 重永, 檜垣訳		388
434	祝福から暴力へ	M.ブロック／田辺, 秋津訳		426
435	精神分析と横断性	F.ガタリ／杉村, 毬藻訳		462
436	競争社会をこえて	A.コーン／山本, 真水訳		530
437	ダイアローグの思想	M.ホルクウィスト／伊藤誓訳		370
438	社会学とは何か	N.エリアス／徳安彰訳		250
439	E.T.A.ホフマン	R.ザフランスキー／識名章喜訳		636
440	所有の歴史	J.アタリ／山内昶訳		580
441	男性同盟と母権制神話	N.ゾンバルト／田村和彦訳		516
442	ヘーゲル以後の歴史哲学	H.シュネーデルバッハ／古東哲明訳		282
443	同時代人ベンヤミン	H.マイヤー／岡部仁訳		140
444	アステカ帝国滅亡記	G.ボド, T.トドロフ編／大谷, 菊地訳		662
445	迷宮の岐路	C.カストリアディス／宇京賴三訳		404
446	意識と自然	K.K.チョウ／志水, 山本監訳		422
447	政治的正義	O.ヘッフェ／北尾, 平石, 望月訳		598
448	象徴と社会	K.バーク著, ガスフィールド編／森常治訳		580
449	神・死・時間	E.レヴィナス／合田正人訳		360
450	ローマの祭	G.デュメジル／大橋寿美子訳		446

			(頁)
501	音楽のはじめ	C.シュトゥンプ／結城錦一訳	208
502	反ニーチェ	L.フェリー他／遠藤文彦訳	348
503	マルクスの哲学	E.バリバール／杉山吉弘訳	222
504	サルトル，最後の哲学者	A.ルノー／水野浩二訳	296
505	新不平等起源論	A.テスタール／山内昶訳	298
506	敗者の祈禱書	シオラン／金井裕訳	184
507	エリアス・カネッティ	Y.イシャグプール／川俣晃自訳	318
508	第三帝国下の科学	J.オルフ＝ナータン／宇京頼三訳	424
509	正も否も縦横に	H.アトラン／寺田光徳訳	644
510	ユダヤ人とドイツ	E.トラヴェルソ／宇京頼三訳	322
511	政治的風景	M.ヴァルンケ／福本義憲訳	202
512	聖句の彼方	E.レヴィナス／合田正人訳	350
513	古代憧憬と機械信仰	H.ブレーデカンプ／藤代，津山訳	230
514	旅のはじめに	D.トリリング／野島秀勝訳	602
515	ドゥルーズの哲学	M.ハート／田代，井上，浅野，暮沢訳	294
516	民族主義・植民地主義と文学	T.イーグルトン他／増渕，安藤，大友訳	198
517	個人について	P.ヴェーヌ他／大谷尚文訳	194
518	大衆の装飾	S.クラカウアー／船戸，野村訳	350
519 520	シベリアと流刑制度（I・II）	G.ケナン／左近毅訳	I・632 II・642
521	中国とキリスト教	J.ジェルネ／鎌田博夫訳	396
522	実存の発見	E.レヴィナス／佐藤真理人，他訳	480
523	哲学的認識のために	G.-G.グランジェ／植木哲也訳	342
524	ゲーテ時代の生活と日常	P.ラーンシュタイン／上西川原章訳	832
525	ノッツ nOts	M.C.テイラー／浅野敏夫訳	480
526	法の現象学	A.コジェーヴ／今村，堅田訳	768
527	始まりの喪失	B.シュトラウス／青木隆嘉訳	196
528	重　合	ベーネ，ドゥルーズ／江口修訳	170
529	イングランド18世紀の社会	R.ポーター／目羅公和訳	630
530	他者のような自己自身	P.リクール／久米博訳	558
531	鷲と蛇〈シンボルとしての動物〉	M.ルルカー／林捷訳	270
532	マルクス主義と人類学	M.ブロック／山内昶，山内彰訳	256
533	両性具有	M.セール／及川馥訳	218
534	ハイデガー〈ドイツの生んだ巨匠とその時代〉	R.ザフランスキー／山本尤訳	696
535	啓蒙思想の背任	J.-C.ギユボー／菊地，白井訳	218
536	解明　M.セールの世界	M.セール／梶野，竹中訳	334
537	語りは罠	L.マラン／鎌田博夫訳	176
538	歴史のエクリチュール	M.セルトー／佐藤和生訳	542
539	大学とは何か	J.ペリカン／田口孝夫訳	374
540	ローマ　定礎の書	M.セール／高尾謙史訳	472
541	啓示とは何か〈あらゆる啓示批判の試み〉	J.G.フィヒテ／北岡武司訳	252
542	力の場〈思想史と文化批判のあいだ〉	M.ジェイ／今井道夫，他訳	382
543	イメージの哲学	F.ダゴニェ／水野浩二訳	410
544	精神と記号	F.ガタリ／杉村昌昭訳	180
545	時間について	N.エリアス／井本，青木訳	238
546	ルクレティウスのテキストにおける物理学の誕生	M.セール／豊田彰訳	320
547	異端カタリ派の哲学	R.ネッリ／柴田和雄訳	290
548	ドイツ人論	N.エリアス／青木隆嘉訳	576
549	俳　優	J.デュヴィニョー／渡辺淳訳	346

			(頁)
550	ハイデガーと実践哲学	O.ペゲラー他,編／竹市,下村監訳	584
551	彫　像	M.セール／米山親能訳	366
552	人間的なるものの庭	C.F.v.ヴァイツゼカー／山辺建訳	852
553	思考の図像学	A.フレッチャー／伊藤誓訳	472
554	反動のレトリック	A.O.ハーシュマン／岩崎稔訳	250
555	暴力と差異	A.J.マッケナ／夏目博明訳	354
556	ルイス・キャロル	J.ガッテニョ／鈴木晶訳	462
557	タオスのロレンゾー〈D.H.ロレンス回想〉	M.D.ルーハン／野島秀勝訳	490
558	エル・シッド〈中世スペインの英雄〉	R.フレッチャー／林邦夫訳	414
559	ロゴスとことば	S.プリケット／小野功生訳	486
560 561	盗まれた稲妻〈呪術の社会学〉(上・下)	D.L.オキーフ／谷林眞理子,他訳	上・490 下・656
562	リビドー経済	J.-F.リオタール／杉山,吉谷訳	458
563	ポスト・モダニティの社会学	S.ラッシュ／田中義久監訳	462
564	狂暴なる霊長類	J.A.リヴィングストン／大平章訳	310
565	世紀末社会主義	M.ジェイ／今村,大谷訳	334
566	両性平等論	F.P.de ラ・バール／佐藤和夫,他訳	330
567	暴虐と忘却	R.ボイヤーズ／田部井孝次・世志子訳	524
568	異端の思想	G.アンダース／青木隆嘉訳	518
569	秘密と公開	S.ボク／大沢正道訳	470
570 571	大航海時代の東南アジア(I・II)	A.リード／平野,田中訳	I・430 II・598
572	批判理論の系譜学	N.ボルツ／山本,大貫訳	332
573	メルヘンへの誘い	M.リューティ／高木昌史訳	200
574	性と暴力の文化史	H.P.デュル／藤代,津山訳	768
575	歴史の不測	E.レヴィナス／合田,谷口訳	316
576	理論の意味作用	T.イーグルトン／山形和美訳	196
577	小集団の時代〈大衆社会における個人主義の衰退〉	M.マフェゾリ／古田幸男訳	334
578 579	愛の文化史(上・下)	S.カーン／青木,斎藤訳	上・334 下・384
580	文化の擁護〈1935年パリ国際作家大会〉	ジッド他／相磯,五十嵐,石黒,高橋編訳	752
581	生きられる哲学〈生活世界の現象学と批判理論の思考形式〉	F.フェルマン／堀栄造訳	282
582	十七世紀イギリスの急進主義と文学	C.ヒル／小野,圓月訳	444
583	このようなことが起こり始めたら…	R.ジラール／小池,住谷訳	226
584	記号学の基礎理論	J.ディーリー／大熊昭信訳	286
585	真理と美	S.チャンドラセカール／豊田彰訳	328
586	シオラン対談集	E.M.シオラン／金井裕訳	336
587	時間と社会理論	B.アダム／伊藤,磯山訳	338
588	懐疑的省察ABC〈続・重大な疑問〉	E.シャルガフ／山本,伊藤訳	244
589	第三の知恵	M.セール／及川馥訳	250
590 591	絵画における真理(上・下)	J.デリダ／高橋,阿部訳	上・322 下・390
592	ウィトゲンシュタインと宗教	N.マルカム／黒崎宏訳	256
593	シオラン〈あるいは最後の人間〉	S.ジョドー／金井裕訳	212
594	フランスの悲劇	T.トドロフ／大谷尚文訳	304
595	人間の生の遺産	E.シャルガフ／清水健次,他訳	392
596	聖なる快楽〈性,神話,身体の政治〉	R.アイスラー／浅野敏夫訳	876
597	原子と爆弾とエスキモーキス	C.G.セグレー／野島秀勝訳	408
598	海からの花嫁〈ギリシア神話研究の手引き〉	J.シャーウッドスミス／吉田,佐藤訳	234
599	神に代わる人間	L.フェリー／菊地,白井訳	220
600	パンと競技場〈ギリシア・ローマ時代の政治と都市の社会学的歴史〉	P.ヴェーヌ／鎌田博夫訳	1032

			(頁)
601	ギリシア文学概説	J.ド・ロミイ／細井，秋山訳	486
602	パロールの奪取	M.セルトー／佐藤和生訳	200
603	68年の思想	L.フェリー他／小野潮訳	348
604	ロマン主義のレトリック	P.ド・マン／山形，岩坪訳	470
605	探偵小説あるいはモデルニテ	J.デュボア／鈴木智之訳	380
606 607 608	近代の正統性〔全三冊〕	H.ブルーメンベルク／斎藤，忽那 佐藤，村井訳	I・328 II・390 III・318
609	危険社会〈新しい近代への道〉	U.ベック／東，伊藤訳	502
610	エコロジーの道	E.ゴールドスミス／大熊昭信訳	654
611	人間の領域〈迷宮の岐路II〉	C.カストリアディス／米山親能訳	626
612	戸外で朝食を	H.P.デュル／藤代幸一訳	190
613	世界なき人間	G.アンダース／青木隆嘉訳	366
614	唯物論シェイクスピア	F.ジェイムソン／川口喬一訳	402
615	核時代のヘーゲル哲学	H.クロンバッハ／植木哲也訳	380
616	詩におけるルネ・シャール	P.ヴェーヌ／西永良成訳	832
617	近世の形而上学	H.ハイムゼート／北岡武司訳	506
618	フロベールのエジプト	G.フロベール／斎藤昌三訳	344
619	シンボル・技術・言語	E.カッシーラー／篠木，高野訳	352
620	十七世紀イギリスの民衆と思想	C.ヒル／小野，圓月，箭川訳	520
621	ドイツ政治哲学史	H.リュッベ／今井道夫訳	312
622	最終解決〈民族移動とヨーロッパのユダヤ人殺害〉	G.アリー／山本，三島訳	470
623	中世の人間	J.ル・ゴフ他／鎌田博夫訳	478
624	食べられる言葉	L.マラン／梶野吉郎訳	284
625	ヘーゲル伝〈哲学の英雄時代〉	H.アルトハウス／山本尤訳	690
626	E.モラン自伝	E.モラン／菊地，高砂訳	368
627	見えないものを見る	M.アンリ／青木研二訳	248
628	マーラー〈音楽観相学〉	Th.W.アドルノ／龍村あや子訳	286
629	共同生活	T.トドロフ／大谷尚文訳	236
630	エロイーズとアベラール	M.F.B.ブロッチェリ／白崎容子訳	
631	意味を見失った時代〈迷宮の岐路IV〉	C.カストリアディス／江口幹訳	338
632	火と文明化	J.ハウツブロム／大平章訳	356
633	ダーウィン，マルクス，ヴァーグナー	J.バーザン／野島秀勝訳	526
634	地位と羞恥	S.ネッケル／岡原正幸訳	434
635	無垢の誘惑	P.ブリュックネール／小倉，下澤訳	350
636	ラカンの思想	M.ボルク=ヤコブセン／池田清訳	500
637	羨望の炎〈シェイクスピアと欲望の劇場〉	R.ジラール／小林，田口訳	698
638	暁のフクロウ〈続・精神の現象学〉	A.カトロッフェロ／寿福真美訳	354
639	アーレント＝マッカーシー往復書簡	C.ブライトマン編／佐藤佐智子訳	710
640	崇高とは何か	M.ドゥギー他／梅木達郎訳	416
641	世界という実験〈問い，取り出しの諸カテゴリー，実践〉	E.ブロッホ／小田智敏訳	400
642	悪　あるいは自由のドラマ	R.ザフランスキー／山本尤訳	322
643	世俗の聖典〈ロマンスの構造〉	N.フライ／中村，真野訳	252
644	歴史と記憶	J.ル・ゴフ／立川孝一訳	400
645	自我の記号論	N.ワイリー／船倉正憲訳	468
646	ニュー・ミメーシス〈シェイクスピアと現実描写〉	A.D.ナトール／山形，山下訳	430
647	歴史家の歩み〈アリエス　1943-1983〉	Ph.アリエス／成瀬，伊藤訳	428
648	啓蒙の民主制理論〈カントとのつながりで〉	I.マウス／浜田，牧野監訳	400
649	仮象小史〈古代からコンピューター時代まで〉	N.ボルツ／山本尤訳	200

			（頁）
650	知の全体史	C.V.ドーレン／石塚浩司訳	766
651	法の力	J.デリダ／堅田研一訳	220
652 653	男たちの妄想（I・II）	K.テーヴェライト／田村和彦訳	I II・816
654	十七世紀イギリスの文書と革命	C.ヒル／小野，圓月，箭川訳	592
655	パウル・ツェラーンの場所	H.ベッティガー／鈴木美紀訳	176
656	絵画を破壊する	L.マラン／尾形，梶野訳	272
657	グーテンベルク銀河系の終焉	N.ボルツ／識名，足立訳	330
658	批評の地勢図	J.ヒリス・ミラー／森田孟訳	550
659	政治的なものの変貌	M.マフェゾリ／古田幸男訳	290
660	神話の真理	K.ヒュプナー／神野，中才，他訳	736
661	廃墟のなかの大学	B.リーディングズ／青木，斎藤訳	354
662	後期ギリシア科学	G.E.R.ロイド／山野，山口，金山訳	320
663	ベンヤミンの現在	N.ボルツ，W.レイイェン／岡部仁訳	180
664	異教入門〈中心なき周辺を求めて〉	J.-F.リオタール／山縣，小野，他訳	242
665	ル・ゴフ自伝〈歴史家の生活〉	J.ル・ゴフ／鎌田博夫訳	290
666	方　法　3. 認識の認識	E.モラン／大津真作訳	398
667	遊びとしての読書	M.ピカール／及川，内藤訳	478
668	身体の哲学と現象学	M.アンリ／中敬夫訳	404
669	ホモ・エステティクス	L.フェリー／小野康男，他訳	496
670	イスラームにおける女性とジェンダー	L.アハメド／林正雄，他訳	422
671	ロマン派の手紙	K.H.ボーラー／高木葉子訳	382
672	精霊と芸術	M.マール／津山拓也訳	474
673	言葉への情熱	G.スタイナー／伊藤誓訳	612
674	贈与の謎	M.ゴドリエ／山内昶訳	362
675	諸個人の社会	N.エリアス／宇京早苗訳	308
676	労働社会の終焉	D.メーダ／若森章孝，他訳	394
677	概念・時間・言説	A.コジェーヴ／三宅，根田，安川訳	448
678	史的唯物論の再構成	U.ハーバーマス／清水多吉訳	438
679	カオスとシミュレーション	N.ボルツ／山本尤訳	218
680	実質的現象学	M.アンリ／中，野村，吉永訳	268
681	生殖と世代継承	R.フォックス／平野秀秋訳	408
682	反抗する文学	M.エドマンドソン／浅野敏夫訳	406
683	哲学を讃えて	M.セール／米山親能，他訳	312
684	人間・文化・社会	H.シャピロ編／塚本利明，他訳	
685	遍歴時代〈精神の自伝〉	J.アメリー／富重純子訳	206
686	ノーを言う難しさ〈宗教哲学的エッセイ〉	K.ハインリッヒ／小林敏明訳	200
687	シンボルのメッセージ	M.ルルカー／林捷，林田鶴子訳	590
688	神は狂信的か	J.ダニエル／菊地昌実訳	218
689	セルバンテス	J.カナヴァジオ／円子千代訳	502
690	マイスター・エックハルト	B.ヴェルテ／大津留直訳	320
691	マックス・プランクの生涯	J.L.ハイルブロン／村岡晋一訳	300
692	68年－86年　個人の道程	L.フェリー，A.ルノー／小野潮訳	168
693	イダルゴとサムライ	J.ヒル／平山篤子訳	704
694	〈教育〉の社会学理論	B.バーンスティン／久冨善之，他訳	420
695	ベルリンの文化戦争	W.シヴェルブシュ／福本義憲訳	380
696	知識と権力〈クーン，ハイデガー，フーコー〉	J.ラウズ／成定，網谷，阿曽沼訳	410
697	読むことの倫理	J.ヒリス・ミラー／伊藤，大島訳	230
698	ロンドン・スパイ	N.ウォード／渡辺孔二監訳	506
699	イタリア史〈1700－1860〉	S.ウールフ／鈴木邦夫訳	1000

			（頁）
700	マリア 〈処女・母親・女主人〉	K.シュライナー／内藤道雄訳	678
701	マルセル・デュシャン 〈絵画唯名論〉	T.ド・デューヴ／鎌田博夫訳	350
702	サハラ 〈ジル・ドゥルーズの美学〉	M.ビュイダン／阿部宏慈訳	260
703	ギュスターヴ・フロベール	A.チボーデ／戸田吉信訳	470
704	報酬主義をこえて	A.コーン／田中英史訳	604
705	ファシズム時代のシオニズム	L.ブレンナー／芝健介訳	480
706	方　法　4．観念	E.モラン／大津真作訳	446
707	われわれと他者	T.トドロフ／小野，江口訳	658
708	モラルと超モラル	A.ゲーレン／秋澤雅男訳	
709	肉食タブーの世界史	F.J.シムーンズ／山内昶監訳	682
710	三つの文化 〈仏・英・独の比較文化学〉	W.レペニース／松家，吉村，森訳	548
711	他性と超越	E.レヴィナス／合田，松丸訳	200
712	詩と対話	H.-G.ガダマー／巻田悦郎訳	302
713	共産主義から資本主義へ	M.アンリ／野村直正訳	242
714	ミハイル・バフチン 対話の原理	T.トドロフ／大谷尚文訳	408
715	肖像と回想	P.ガスカール／佐藤和生訳	232
716	恥 〈社会関係の精神分析〉	S.ティスロン／大谷，津島訳	286
717	庭園の牧神	P.バルロスキー／尾崎彰宏訳	270
718	パンドラの匣	D.&E.パノフスキー／尾崎彰宏，他訳	294
719	言説の諸ジャンル	T.トドロフ／小林文生訳	466
720	文学との離別	R.バウムガルト／清水健次・威能子訳	406
721	フレーゲの哲学	A.ケニー／野本和幸，他訳	308
722	ビバ リベルタ！ 〈オペラの中の政治〉	A.アーブラスター／田中，西崎訳	478
723	ユリシーズ グラモフォン	J.デリダ／合田，中 訳	210
724	ニーチェ 〈その思考の伝記〉	R.ザフランスキー／山本尤訳	440
725	古代悪魔学 〈サタンと闘争神話〉	N.フォーサイス／野呂有子監訳	844
726	力に満ちた言葉	N.フライ／山形和美訳	466
727	産業資本主義の法と政治	I.マウス／河上倫逸監訳	496
728	ヴァーグナーとインドの精神世界	C.スネソン／吉水千鶴子訳	270
729	民間伝承と創作文学	M.リューティ／高木昌史訳	430
730	マキアヴェッリ 〈転換期の危機分析〉	R.ケーニヒ／小川，片岡訳	382
731	近代とは何か 〈その隠されたアジェンダ〉	S.トゥールミン／藤村，新井訳	398
732	深い謎 〈ヘーゲル，ニーチェとユダヤ人〉	Y.ヨベル／青木隆嘉訳	360
733	挑発する肉体	H.P.デュル／藤代，津山訳	702
734	フーコーと狂気	F.グロ／菊地昌実訳	164
735	生命の認識	G.カンギレム／杉山吉弘訳	330
736	転倒させる快楽 〈バフチン，文化批評，映画〉	R.スタム／浅野敏夫訳	494
737	カール・シュミットとユダヤ人	R.グロス／山本尤訳	486
738	個人の時代	A.ルノー／水野浩二訳	438
739	導入としての現象学	H.F.フルダ／久保，高山訳	470
740	認識の分析	E.マッハ／廣松渉編訳	182
741	脱構築とプラグマティズム	C.ムフ編／青木隆嘉訳	186
742	人類学への挑戦	R.フォックス／南塚隆夫訳	
743	宗教の社会学	B.ウィルソン／中野，栗原訳	270
744	非人間的なもの	J.-F.リオタール／篠原，上村，平芳訳	
745	異端者シオラン	P.ボロン／金井裕訳	
746	ポール・ヴェーヌ自伝	P.ヴェーヌ／鎌田博夫訳	
747	天使の伝説	M.セール／及川馥訳	
748	近代政治哲学入門	A.バルッツィ／池上，岩倉訳	

（頁）